LIBRES

Portraits d'entrepreneurs

AGLAOS

Sommaire

Introduction

La proportion des Français qui souhaitent créer leur entreprise ne cesse d'augmenter. Selon les instituts de sondage, elle concerne au moins une personne sur trois, voire une sur deux. Concrètement, ce sont plus de 500 000 entreprises qui sont créées chaque année en France, dont plus de la moitié sous forme individuelle. Au point que la proportion d'indépendants augmente de nouveau de façon importante depuis une dizaine d'années. Plus frappant, cette envie de créer son activité anime six 18-24 ans sur dix. Pourquoi cet engouement ? Gagner plus d'argent ? Trouver plus rapidement un premier emploi ? Etre plus libre ?

Les Français sont bien conscients qu'un indépendant gagne rarement beaucoup plus d'argent qu'un salarié, à compétences égales. Seule une petite minorité des entrepreneurs réussit à créer des revenus véritablement supérieurs à ceux qu'elle aurait perçu en étant salariée. Ce qui n'empêche pas, comme l'avait observé l'économiste Joseph Schumpeter, qu'un grand nombre se lance dans l'entrepreneuriat, avec le désir de gains conséquents. En ce sens, les entrepreneurs se disent, comme les joueurs du loto : « *peu gagnent, mais je peux en faire partie.* »

De la même façon, le discours aujourd'hui répandu dans les médias laisse entendre que de nombreux jeunes choisissent l'auto entrepreneuriat faute de pouvoir décrocher un travail. Les personnes qui répandent de telles assertions ont-elles déjà rencontré de jeunes entrepreneurs ?

La vraie raison d'entreprendre

La quête de la liberté me paraît bien plus essentielle dans le choix de devenir entrepreneur. La liberté est l'un des plus vieux concepts de la pensée occidentale et l'une des aspirations les plus fortes de la nature humaine. Déjà, les Grecs du temps de Socrate distinguaient les hommes libres des esclaves : seuls les hommes libres pouvaient avoir des droits. Mais qu'est-ce-qui définissait l'esclave ? le fait d'appartenir à une autre personne et donc de travailler pour celle-ci. Dès l'Antiquité donc, la liberté s'oppose de façon nette avec le travail sous l'autorité d'autrui. En fait, cette conception de la liberté recouvre deux notions : l'une statutaire, qui consiste à être un homme libre parmi les hommes libres ; l'autre individuelle, celle de l'homme qui agit selon l'impulsion de sa propre nature, hors de toute contrainte extérieure.

Ce détour par la philosophie m'a paru d'autant plus nécessaire que le débat en France est biaisé par l'importance accordée aux syndicats patronaux et d'employés. Or, pour des raisons de lobbying évidentes, ceux-ci mettent l'accent sur des questions liées au contrat de travail et à la rémunération, à une balance d'avantages à consentir ou pas aux salariés. Ce faisant, ils éloignent la conscience de l'enjeu fondamental du travail : la réalisation par un individu de ses propres objectifs.

Ainsi, la France des médias exalte tantôt le grand patron, Bernard Tapie hier, Xaviel Niel aujourd'hui, tantôt les syndicats les plus collectivistes. Entre les deux, les sondés répondent un jour soutenir les grévistes, l'autre vouloir créer leur entreprise. Et chacun de vivre dans une schizophrénie permanente, entre aspiration à liberté et recherche de la sécurité économique.

C'est ici que l'entrepreneur se différencie : celui-ci renonce en général à la sécurité économique à court terme pour accomplir son besoin de liberté. Mais il faut rencontrer les entrepreneurs pour comprendre la force de cette quête. Longtemps avant d'écrire ce livre, une expérience personnelle m'a beaucoup marqué.

Le révélateur

C'était au sommet d'une tour à Dubaï. Un installateur de cuisines me racontait comment il avait créé son entreprise en Corrèze plus de trente ans plus tôt. A l'évocation de ses souvenirs, l'acquisition de sa première voiture, les impayés de certains clients, ses émotions affleuraient sur son visage, aussi fortes qu'aux jours même des événements qui leur avaient donné naissance. Cette hiver-là, le plus grand groupe industriel du marché lui décerna le titre d'installateur de cuisine de l'année. Avant même de connaître cette information, j'avais décidé de lui consacrer la couverture du magazine professionnel pour lequel je travaillais.

Avec un CAP en poche, cet homme avait construit une PME qui avait survécu aux différentes crises. Mieux, elle avait procuré un niveau de vie très confortable à sa famille, dont les origines étaient modestes, et fourni du travail à quelques dizaines de salariés au fil de ses décennies d'existence. Je me souviens encore de sa voix au téléphone, quand il reçut l'exemplaire du magazine avec son visage en couverture. Une émotion sincère, la fierté d'être reconnu pour son travail, au-delà du cercle de ses fournisseurs et de ses clients.

Ce qui m'avait touché dans son histoire c'est sa motivation de départ : plus que de gagner de l'argent, ce qu'il avait voulu, c'était être libre. A son époque, avec son diplôme, il n'avait le choix qu'entre deux possibilités : l'usine ou l'indépendance. Il avait tout fait pour être son seul patron et il avait traversé toutes les difficultés de la vie professionnelle avec cette boussole.

Assurément, son parcours avait fait de lui un autre homme que celui qu'il aurait été en suivant l'autre possibilité, celle de devenir un ouvrier. Il avait pris des risques, souvent travaillé le weekend, jamais compté ses heures, connu les doutes, serré les dents. Les premières années, chaque mois était un combat pour assurer la vie matérielle de sa famille. Plus tard, les menaces sur son entreprise pouvaient avoir comme conséquence de devoir licencier ses salariés, faute d'argent pour les payer. Il avait aussi eu sa part de satisfactions. Son niveau de vie sur l'ensemble de son parcours avait récompensé sa prise de risque et n'avait aucun rapport avec celui qu'il aurait eu sans cela. Mais surtout, et cela se comprenait à chacun de ses mots, à son regard, il était un homme libre et heureux de l'être.

Quelques mois plus tard, j'étais licencié de l'entreprise qui éditait le magazine, pour incompatibilité de caractère. Je n'ai pas alors trouvé en moi les ressources pour devenir indépendant. J'ai effectué plus tard deux tentatives, mal préparées, qui furent autant d'échecs m'obligeant à rapidement retrouver un travail salarié pour vivre. C'est seulement le troisième projet qui fut le bon, jusqu'à ce jour.

Ce qui est frappant, c'est que dans chaque travail salarié, les motifs d'insatisfaction pesaient sur mon moral, mon épanouissement. Alors que les difficultés de mon activité indépendante ne me rendent jamais triste. J'ai rapidement compris que cette différence venait essentiellement de la liberté, vécue et ressentie en étant mon propre employeur.

A cause de mes deux échecs, j'ai eu un peu de mal, cette fois-ci, à réaliser pleinement la réussite de mon nouveau projet, à penser que cette nouvelle indépendance allait durer dans le temps. Plutôt que de me pincer pour y croire, j'ai rencontré d'autres personnes qui sont indépendantes depuis des années. C'est leur état d'esprit, leur attitude positive, qui m'a rassuré quant à mon avenir. Et surtout, qui m'a inspiré ce livre.

Le point commun entre tous les entrepreneurs que j'ai rencontré est une volonté farouche de continuer sur cette voie de la liberté. Pourtant leurs situations sont très différentes, en termes d'âge, de maturité de leur entreprise, de réussite économique, de contraintes d'organisation, de temps passé à travailler, de sensibilité individuelle, de culture professionnelle.

Mais finalement, ce qui les relie les uns aux autres, c'est la liberté qu'ils se sont donnée : liberté de créer et mener à bien un projet ; liberté de travailler dans le domaine qui les

passionne ; liberté de créer ou transformer un marché ; liberté de choisir leurs méthodes de travail et la façon de fonctionner de leur entreprise ; liberté de s'organiser comme ils l'entendent ; liberté d'obtenir l'entière rémunération de leurs efforts.

Les différentes libertés de l'entrepreneur

En réalité, chacun de ces entrepreneurs est plus sensible à l'une ou l'autre de ces dimensions de la liberté et se trouve en mesure, ou pas, de pleinement l'obtenir. Mais la quête de la liberté est toujours fortement présente. La liberté réelle de l'entrepreneur est rarement celle à laquelle les salariés pensent en premier : peu d'entrepreneurs travaillent moins qu'un salarié. Leur liberté leur procure donc rarement plus de temps libre.

La première véritable liberté de l'entrepreneur est de pouvoir utiliser toutes les qualités et compétences qu'il souhaite. Ainsi de Guillaume Ménager, qui d'un emploi à l'autre, n'arrivait pas à exprimer l'ensemble de ses talents professionnels, vivant mal cette limite mise à la pleine liberté de son expression. Charline Goutal voulait dessiner ses collections de lingerie féminine mais aussi créer et développer sa propre marque, avec ses compétences de marketing et de communication. De même pour Sybille Bellamy-Brown qui voulait être plus qu'une conférencière et une enseignante d'Histoire de l'art, pour déployer ses talents commerciaux. La personnalité foisonnante et créative de Dan Leclaire ne pouvait pas trouver son exécutoire dans le salariat, ni une fonction classique, ce qui l'a obligé à inventer son métier.

Pour d'autres, ce qui importe le plus dans leur liberté d'entrepreneur, c'est de pouvoir mener à bien un projet qui leur tient à cœur. Sandrine Dirani a ainsi créé Zeneduc pour rendre accessible au plus grand nombre les méthodes d'accompagnement qui améliorent la relation entre les parents et les enfants et dénouent les blocages de ces derniers dans leurs apprentissages. Avec ses dizaines de milliers de membres dans sa communauté de recommandation de baby-sitter par des familles, Pauline de Montesson a vu dans l'entrepreneuriat la solution évidente pour pérenniser sa belle aventure, en conservant la liberté d'en façonner l'esprit et les pratiques. Conscients que l'interculturalité, de richesse potentielle pouvait tourner à la discorde en entreprise, Marie Desjars de Keranrouë et Patrick Hawran ont créé Intercultural Hub pour partager avec les entreprises leur pratique de l'interculturalité née de leurs expériences personnelles, jusque dans ses racines familiales pour Patrick.

La liberté de faire les choses à sa façon, avec sa sensibilité et ses valeurs est un autre motif fort de l'entrepreneur. Il anime Sarah Tondji qui a créé Job'N'Roll pour faciliter la rencontre entre les jeunes motivés pour un travail et les entreprises. Sarah s'appuie sur sa culture familiale de l'entrepreneuriat pour satisfaire les attentes des entreprises et sur sa proximité culturelle et générationnelle avec les jeunes pour s'adresser à eux de façon pertinente.

L'empathie envers des nouveaux modes d'organisation et la mise en avant des valeurs est au cœur du projet Pack your Skills, fondé par Maxime de Beauchesne et Isis Latorre, pour permettre aux jeunes de voyager en mettant leurs compétences au service d'une mission qui fait changer le monde. La façon d'accompagner ses clients, en se positionnant non comme un gestionnaire, mais comme un créateur de patrimoine, centré sur les véritables objectifs de chacun, est à l'origine de la quête d'autonomie de Franck Vansoen.

Luc Soler et Jacques Marescot ont créé Visible Patient pour permettre aux chirurgiens de franchir une étape dans le soin des patients en disposant de l'imagerie 3D du corps individuel de ceux-ci avant de les opérer.

Pour Charles-Edouard Girard et Emmanuel Arnaud, créer GuesttoGuest leur permettait non seulement de faire de leur pratique de l'échange de domicile leur activité professionnelle, mais aussi d'apporter aux clients un service qui corresponde à ce qui leur semble le plus important, notamment la possibilité de rendre cet échange flexible.

Chez chacun de ces entrepreneurs, la liberté de faire soi-même, de prendre les décisions et d'en assumer les

conséquences nourrit une motivation constante. Elle ressort avec une vigueur particulière chez Yves Tirman, qui a transformé l'entreprise familiale CMP au fil des décennies, d'abord pour rester indépendant tout en survivant aux évolutions du marché, jusqu'au point de donner lui-même une nouvelle forme à son marché et d'en devenir un acteur majeur.

Au-delà des mots, la force du besoin de liberté s'exprime dans la rencontre avec Laurent Chichery : les échecs n'ont pas atténué son besoin d'indépendance et sa créativité, au point de préparer aujourd'hui l'étape du lancement d'une franchise, afin de développer son activité tout en permettant à des dizaines d'autres personnes de devenir libres et autonomes.

De façon plus individualiste, ce besoin de liberté s'exprime dans les choix de Sandrine Mulas, commerciale reconvertie dans la photographie, qui parcourt les grandes villes du monde pour inspirer son projet bigfivecity.com. Avec une vision moins instinctive, plus réflexive, Maximin Bessi a fondé Canopée Associés, qui intervient dans la gestion des Partenariats Publics Privés, pour se donner la possibilité d'échapper à la servitude volontaire qu'il n'a pas seulement étudié dans le texte de La Boétie, mais observé dans notre monde contemporain.

Une autre liberté essentielle qu'apporte l'entrepreneuriat est celle du choix des personnes avec qui chacun mène son projet. Les cinq associés de Birchbox ont ainsi de choisi de travailler entre amis. C'est le même choix qu'assume l'équipe de Swapcard, réunion de trois amis d'adolescence. Parmi les entrepreneurs de ce livre, tous ceux qui sont associés parlent de leur complicité avec leur(s) partenaire(s) avec des accents qui rappellent la fameuse de phrase de Montaigne sur son ami, La Boétie : « *parce que c'était lui, parce que c'était moi.* » Il faut entendre leurs voix pour mesurer à quel point cette liberté de choisir avec qui ils mènent leur projet est importante pour eux, combinant le respect, l'amitié, l'entraide et jusqu'à l'affection fraternelle dans MoovOne, l'entreprise de la famille Manoukian, où les deux frères s'épaulent pour développer le projet de coaching opérationnel en ligne créé avec leur père.

Une liberté qui inspire

J'ai beaucoup appris à leur contact et je vous livre mes découvertes dans ce livre : des activités dont je ne savais même pas qu'elles existaient, des modes d'organisation originaux, des réflexions nouvelles. Mais ce livre ne révèle aucun secret professionnel. Sinon celui-ci : chacun développe une activité qui est vraiment en lui et pour laquelle ses qualités sont reconnues.

Les souvenirs accumulés lors de ma vie de salarié sont bien différents : pendant presque vingt ans, j'ai rencontré des centaines de personnes, de simples employés jusqu'aux directeurs généraux nommés en conseil d'administration. Je ne crois pas qu'une grande majorité d'entre ces personnes pourraient dire sincèrement qu'elles se trouvent à la bonne place : celle où leur action professionnelle est en accord avec leur être et leur emploi en harmonie avec leurs compétences.

A l'opposé, au cours des rencontres qui m'ont permis d'écrire ce livre, aucun regard, aucun geste, aucune attitude n'a contredit ce que chaque entrepreneur m'a affirmé : son épanouissement grâce à sa liberté. Plus encore, je suis toujours reparti heureux de ces discussions. Non seulement d'avoir beaucoup appris, d'avoir rencontré des personnes intéressantes, mais d'avoir renforcé ma propre liberté. Rencontrer des personnes libres décuple mon énergie et conforte mes choix. J'espère que ce livre de portraits d'entrepreneurs aura le même effet sur vous et nourrira à son tour votre liberté.

LIBRES

Libérer la parentalité

Zeneduc

Quand Sandrine Dirani se pose des questions en tant que Maman sur l'éducation à donner à ses enfants et comment accompagner aussi bien son aîné, déjà adolescent, que son cadet de dix ans plus jeune, sa qualité d'entrepreneur finit rapidement par apporter sa contribution aux réponses. C'est ainsi que naît Zeneduc, une plateforme de formations en ligne courtes, qui s'adresse aux parents comme aux enfants.

Les parents de jeunes enfants sont cernés d'inquiétudes : terrorisme, changement climatique, mais aussi chômage de masse. Dans un monde incertain où les métiers apparaissent et disparaissent en quelques années, la quête de repères conduit à de nombreuses interrogations sur l'éducation. C'est à ces questions que répond Zeneduc, plateforme de formations en ligne qui vise à aider les parents et les enfants à surmonter tous les blocages qui peuvent advenir dans leur parcours éducatif.

Bien que réalisée par une jeune entrepreneuse à succès, la création de Zeneduc n'est pas d'abord issue d'une étude de marché. Non, Zeneduc est née d'un moment de réflexion après un début de parcours professionnel et déjà trois activités créées. Que veut vraiment faire Sandrine de sa vie professionnelle ? qu'est-ce-qui lui ressemble vraiment, la fait vibrer ? menée à un moment où sa vie privée connaît un coup dur, la réflexion évolue vers son principal enjeu : l'éducation de ses deux fils.

Le premier constat, c'est qu'avec onze années passées entre les deux naissances, Sandrine ne leur a pas donné la même éducation, influencée par tout ce qu'elle a lu et appris entre temps. Le second constat, c'est que les deux enfants ont des caractères très différents et auront donc besoin de solutions différentes pour affronter la vie. La jeune femme n'est pas doctrinaire et prend les idées qui lui semblent les bonnes, les empruntant tantôt à l'école Montessori, à la discipline positive ou à l'approche neuro-cognitive.

Inspirée par ses défis quotidiens

C'est alors que sa formation initiale en école de commerce et ses expériences professionnelles lui servent. Elle comprend que son cas n'est pas isolé : les parents sont angoissés par l'éducation de leurs enfants. Dès lors, les rassurer et les aider peut-être pour Sandrine une véritable source d'accomplissement personnel et professionnel. Elle-même consommatrice de formations à la parentalité, elle remarque que de nombreuses formations en présentiel sont sans cesse reportées, faute de remplir les places qui les rendraient rentables. Il faut donc trouver un autre modèle.

Prête pour entreprendre seule

Quelques années plus tôt, un de ses anciens collègues du Boston Consulting Group lui propose une mission de conseil pour une société dont la clientèle est composée de seniors aux revenus confortables, auxquels elle vend des voyages culturels. La mission débouche sur la création de Pocketvoice, une application facilitant la découverte de villes.

Voyant l'intérêt de la géolocalisation, Sandrine et son ami se demandent quel domaine pourrait utiliser cette ressource non pas sur une niche, mais sur un marché vraiment grand public. Ils s'intéressent alors à l'idée des promotions. Les voilà démarchant les magasins de centre-ville pour leur proposer d'être présents sur leur application. Celle-ci alerte le détenteur de smartphone des promotions en cours dans les magasins qui jalonnent son parcours. Les débuts sont une réussite, leur société Promogaïa fusionne ensuite avec son concurrent et prend le nom de Plyce. Sandrine s'occupe

du marketing, de la commercialisation et de la communication. Pour en assurer le développement, les deux associés vendent ensuite la société à une filiale de *La Poste*.

Cette expérience de créations d'entreprises en ligne convainc Sandrine que pour la parentalité, la solution est la même. En effet, les parents courent déjà dans tous les sens, ont un emploi du temps surchargé, comme elle l'a constaté elle-même au cours des années précédentes, et n'ont pas forcément envie d'aller suivre une formation un samedi ou un dimanche dans la grande ville la plus proche. La solution en ligne permet d'éviter les pertes de temps de transports ou les trop longues distances à parcourir pour ceux qui habitent en zone rurales ou dans des petites villes.

Dès le début, Sandrine veut qu'avec Zeneduc, chaque parent accède aux disponibilités du formateur, réserve les créneaux horaires qui lui conviennent et fasse sa formation en ligne avec son formateur quand bon lui semble, y compris pour certains, le soir tard ou le weekend. Au passage, cette solution augmente la commercialité du produit puisqu'elle multiplie les créneaux de consommation.

Des formateurs notés par les clients

Deuxième idée forte : proposer les interventions de formateurs experts dans un domaine précis de l'éducation ou de l'acquisition de compétences. Comme elle a recours à leur service pour ses propres besoins, Sandrine se constitue rapidement un réseau de personnes dont les références sont sérieuses et garantissent la satisfaction des parents. Pour conforter les choix de ces derniers, les intervenants et les formations sont notés sur 5 points et jusqu'ici, aucun n'a eu moins de 4,5. Les clients ont aussi été rassurés par la forte implication de Sandrine qui répondait directement à tous leurs questionnements. On est bien dans le concept d'une entreprise créée par une personne qui s'engage elle-même au service de la résolution d'un problème pour d'autres personnes.

Troisième idée forte, proposer des solutions qui répondent aux deux types de problématiques posées aux parents : celle de la relation parents-enfants, celle de l'apprentissage scolaire. D'où le nom de Zeneduc : d'un côté un pôle dédié au développement personnel ; de l'autre un pôle dédié au développement des compétences des enfants. Et comme pour elle-même, Sandrine propose aux parents et aux enfants les différentes approches possibles : Montessori, discipline positive... à condition que celles-ci aient une véritable efficacité et une originalité. Par exemple, les formations conçues pour aider les enfants à travailler la mémorisation utilisent les trois types de mémoires : auditive, visuelle et kinesthésique.

Le pôle de développement personnel s'intéresse d'abord au caractère de l'enfant. Il s'agit de cerner la personnalité de l'enfant : est-il introverti ? manque-t-il de motivation ? est-il trop sûr de lui ? Puis au rapport avec le monde, notamment les rapports conflictuels dans une fratrie, les difficultés qui voient le jour avec l'adolescence et le rapport à l'autorité des parents et des enseignants. L'avantage est de permettre aux parents de réaliser des formations pour changer ce qui pose problème dans leurs rapports avec leurs enfants.

Apaiser la parentalité grâce à la connaissance de soi

Zeneduc s'appuie pour les parents sur les questionnaires de personnalité de MBTI. En comprenant mieux leur personnalité, les parents appréhendent aussi mieux celle de leurs enfants et trouvent des solutions qui permettent une meilleure communication. Sandrine se souvient de son stress quand son fils ainé lui répondait qu'il n'avait pas joué avec les autres à l'école ou ne souhaitait pas les inviter à la maison. Une formation lui a permis de mieux cerner son propre caractère, celui d'une combattante, alors que son fils est plus philosophe. Ainsi, quand elle se ressource au contact des autres, son fils le fait plus souvent en étant seul. Plus de raisons de s'inquiéter qu'il n'invite pas souvent des amis à la maison. Quand elle évoque ce souvenir, le souhait de Sandrine de voir

les autres parents accéder eux-aussi à des clés de compréhension qui apaisent leur parentalité et lèvent leurs doutes est évident.

Le deuxième pôle, tout aussi sensible, concerne l'acquisition des compétences par les enfants. Le champ est vaste : des difficultés en mathématiques au questionnement sur l'orientation. Mais Zeneduc reste sur le concept du déblocage. Pas question donc de donner des cours particuliers. L'idée est d'identifier ce qui bloque le jeune dans son apprentissage, puis de lui expliquer comment y remédier. Ainsi Zeneduc ne concurrence pas les grands noms du cours particulier et surtout, conformément à la philosophie de sa fondatrice, vise l'autonomie.

C'est une notion clé dans la vision du monde de Sandrine. Si la complexité du monde et la richesse de l'être humain conduisent à faire appel à des spécialistes pour mieux se connaître et répondre aux enjeux des différents apprentissage, l'objectif est bien d'aider l'enfant à s'épanouir en gagnant en autonomie et même en résilience.

Priorité à l'épanouissement personnel

Cette dimension se retrouve dans l'accompagnement à l'orientation. Dans un pays où de nombreux bac+5 n'ont pas de travail et où chacun semble catalogué par sa formation initiale, il est d'autant plus important de ne pas rater son orientation. Les formations de Zeneduc s'appuient sur le questionnaire Strong, développé par la même société que le MBTI, mais à destination des jeunes. Il s'agit d'identifier ce qui leur convient le mieux, puis de les aider à trouver leur métier et leur formation.

Sandrine considère que le contexte économique a rendu les parents plus subtils dans leur approche : « *dans ma génération, il fallait absolument faire des grandes écoles et travailler dans des grands groupes. C'est d'ailleurs ce que j'ai fait moi-même en premier avec l'ESCP et le Boston Consulting Group. Aujourd'hui le succès, c'est de faire ce qui nous correspond vraiment et les parents ont commencé à l'intégrer.* » Le regard de notre société a changé et un consultant ou un manager qui devient fromager, comme l'un des amis de Sandrine, n'est plus vu comme un fou ou un pestiféré, mais comme quelqu'un qui assume ses aspirations personnelles et non plus les objectifs que la société lui assigne.

Le nombre de femmes que Sandrine voit autour d'elle qui se rendent compte au bout de cinq ou dix ans qu'elles n'aiment pas le métier qu'elles font et ne voient pas comment concilier leur parentalité et leur vie professionnelle ne fait que la conforter dans sa conviction : la définition de la réussite et partant, du parcours professionnel, est en train de changer. Pour s'épanouir, chacun doit prendre conscience du type d'environnement et d'interactions qui lui convient, s'il est fait pour travailler dans des grandes ou des petites entreprises, comme salarié ou comme entrepreneur.

Nourrir la compétence relationnelle

Le « deviens qui tu es » prend une force nouvelle en France et justifie une recherche plus individualisée des parcours d'études, puis professionnels. Les compétences nécessaires pour atteindre cet objectif ne sont plus seulement scolaires, mais d'ouverture au monde, de capacité à communiquer, à interagir avec les autres et de saisir les opportunités. Zeneduc prépare un partenariat pour initier les enfants et les pré-adolescents au codage informatique. L'idée n'est pas forcément d'en faire des codeurs professionnels mais de leur faire comprendre de quoi il s'agit, pour qu'ils soient à l'aise dans leur vie professionnelle avec cette dimension. *« A l'ESCP, j'ai fait ma majeure dans l'ingénierie financière. Je ne voulais pas travailler dans le domaine, mais je ne voulais pas non plus que l'on puisse me raconter n'importe quoi à ce sujet, ni que cela soit un jour un facteur limitant dans mon évolution professionnelle »* confie Sandrine.

Le simple fait pour un enfant d'interagir avec son formateur en ligne lui fait gagner en autonomie dans la maîtrise de l'outil informatique. Sandrine s'était ainsi rendue compte que son fils ainé ne savait en réalité manipuler que les jeux électroniques. Sa première formation avec Zeneduc lui a permis de prendre l'habitude d'écrire avec le clavier et d'imprimer ses résultats. L'entrepreneuse rêve de mettre en ligne des formations adaptées pour initier les jeunes à *Word, Excel* et *Powerpoint*, pensant à tous les parents, qui comme elle, se retrouvent à mettre en page les exposés de leurs enfants. Un peu de réactivité et de compréhension de la part de Microsoft serait bienvenue !

Lever les freins à l'apprentissage

Pour débloquer un enfant sur un thème précis, la méthode de Zeneduc commence par un bilan ou audit de ses compétences -on reconnaît la touche cabinet de conseil et les premières expériences professionnelles de Sandrine. Les points précis de blocage sont identifiés dans les différents domaines d'une matière, puis chacun se voit traité par une ou plusieurs séances de formation. Le nombre de ces dernières est connu dès le rendu de l'audit et le prix dès lors connu par les parents. Pour les mathématiques au collège, cela peut aller de deux à douze heures, selon le nombre d'items à débloquer.

La philosophie reste la même : Zeneduc sert à régler un problème précis, avec un nombre limité de séances. Chaque séance dure une heure, pour éviter la saturation intellectuelle du participant. C'est aussi une différenciation avec les formations organisées en présentielle par les spécialistes de la parentalité : « *pour rentabiliser l'organisation, ils sont obligés de faire des journées entières de formation. La plupart des participants ressortent saturés par la quantité d'informations.* » Le modèle de Zeneduc permet aux clients, parents ou enfants, d'espacer les séances pour avoir le temps d'appliquer les solutions apprises lors de chacune d'elles, puis d'ajuster les choses lors de la séance suivante. L'apprentissage est conforté et les problèmes résolus de façon plus pérenne. Seule la disponibilité et la progression logique rythment les séances.

Zeneduc vise ainsi à créer un cercle vertueux : un enfant qui se connait bien, épaulé par des parents sensibilisés au bien-être est un enfant qui apprend mieux, ce faisant il s'épanouit, alimente son propre bien-être et réduit les tensions familiales. Au départ, Sandrine aurait aimé faire de Zeneduc une entreprise sociale pour qu'aucune famille ne soit exclue de ses bienfaits pour des raisons d'argent. Ne trouvant pas de solution satisfaisante pour rendre abordable des formations de qualité, elle a renversé le problème, grâce à trois rencontres.

L'arrondi pour soutenir des actions sociales

D'abord celle d'Amir Sharifi, le Président de la fondation Ardian, qui offre des bourses à des enfants en réussite scolaire, mais dont les familles manquent de moyens pour financer leurs études. Ensuite, celle de François Afif Benthanane, le fondateur de ZupdeCo qui apporte un tutorat scolaire solidaire et gratuit à des collégiens dont les parents ne sont pas en mesure de vérifier leurs devoirs. La troisième rencontre est celle d'un client qui avait utilisé la formation en orthographe de Zeneduc pour sa fille. Ce patron d'un gros groupe lui a soufflé la solution pour aider la fondation Ardian et Zupdeco : l'arrondi formation. C'est un dispositif qu'il a lui-même mis en place dans son entreprise : chaque salarié choisit, ou non, d'opter pour l'arrondi, l'argent est alors versé aux associations que soutient l'entreprise. Dans le cas de Zeneduc, chaque client peut opter pour un arrondi de deux euros : un pour chacune des associations, la fondation Ardian et ZupdeCo.

Sandrine voudrait ensuite travailler avec une association de terrain qui pourrait identifier les besoins et les évaluer en fonction de la situation des familles, notamment sur le plan financier. L'entrepreneuse reprendrait alors son bâton de pèlerin pour nouer des partenariats avec des entreprises qui financeraient les formations dispensées par Zeneduc à ces publics plus fragiles.

Maman, entrepreneuse et ambitieuse

Sandrine n'est pas une rebelle, elle a d'abord coché les cases d'un parcours idéal pour son milieu familial : diplômée d'une grande école, consultante pour un prestigieux cabinet en stratégie. Puis, elle est devenue consultante indépendante, pour se prouver qu'elle pouvait vendre son expertise personnelle sur son nom et ainsi acquérir liberté et autonomie. Création d'entreprises avec des associés, expérience des levées de fonds et du développement marketing et commercial lui ont donné la confiance en elle suffisante pour se lancer seule sur un projet personnel. Etape franchie en 2015 avec la conception de Zeneduc, lancé en 2016. L'objet même de son entreprise la passionne et la passionnera encore longtemps, au moins jusqu'à ce que ses deux enfants deviennent des adultes épanouis traçant leur propre route.

En plus du sens personnel qu'elle trouve dans son entreprise, elle pense œuvrer plus largement pour la société. Apaiser les parents, débloquer les enfants dans leur apprentissage scolaire, voilà une façon d'oeuvrer pour l'autonomie et donc la liberté concrète. A plus long terme, donner de véritables perspectives aux jeunes, les armer pour se confronter à un monde incertain, mais aussi plein d'opportunités, réduire le désespoir et le mal-être qui sont les vrais aliments de la violence.

Concrètement, Zeneduc, c'est 2 000 heures de formation assurées en un an, grâce à un bouche à oreille qui fonctionne bien entre parents satisfaits, de bons échos médiatiques. C'est aussi une ambition : devenir la plateforme de référence du bien-être éducatif en langue française, accessible dans le monde entier. Et Sandrine de rêver, mais sérieusement, à réaliser rapidement un «fois dix» puis un «fois cent».

L'entreprise comme un combat

CMP

La vie est un combat : cette conviction remonte à la jeunesse d'Yves Tirman, à une conception du monde partagée dans son univers familial, celui des familles juives françaises qui ont survécu à la Seconde Guerre Mondiale. Dans les affaires, il ne pense pas avoir eu une vision, mais simplement cherché à survivre à chaque nouveau changement d'époque et de paradigme. C'est ainsi qu'il a transformé l'entreprise familiale de grossiste en une dynamique affaire d'import-export. Un combat de plusieurs décennies.

Pour Yves enfant, fils d'une famille de la bourgeoisie commerçante du quartier du Temple à Paris, être juif, c'est être différent. Chahuter avec les copains à l'école d'abord, avec déjà ce besoin de se confronter qui ne le quittera jamais, mais aussi adhérer à un mouvement de jeunesse, le Dror (liberté en hébreu) qui prône l'idéal communautaire du kibboutz. Le voilà qui s'entraîne à être plus fort. Pendant quelques années, il passe toutes les vacances dans son mouvement de jeunesse. C'est aussi une façon de se rebeller contre la famille, la société et le monde, les deux derniers ne « valent rien » alors dans son regard.

Assumer son engagement

Au point de prendre la décision de partir à 18 ans vivre dans un kibboutz, avec tout un groupe de Parisiens, dont son amie de l'époque. Ils se retrouvent dans un kibboutz du nord, accueillis avec joie mais aussi ironie : ces jeunes parisiens sont mis au défi de travailler aussi dur que les autres. Le plus dur, c'est le travail des champs, en pleine chaleur. Yves ne se défile pas. Son objectif c'est d'être admis à travailler dans les champs mais il fait aussi la cuisine et la vaisselle pour tout le monde. Plus de 350 personnes. Au point de devenir responsable de la cantine.

Il découvre alors la force d'un collectif animé par un idéal commun. La solidarité de personnes qui ne s'apprécient pas forcément mais vont au bout de leur choix. Il assume son rêve. Tout est ici exacerbé, qualités comme défauts : jalousies, rivalités. Les grandes gueules s'imposent, les autres...

Nous sommes en 1974, juste après la guerre du Kippour. Yves est mis à l'épreuve, on lui remet un pistolet-mitrailleur Uzi et on l'envoie patrouiller seul la nuit dans les champs avec un 4X4, vérifier que tout se passe bien pour la récolte. *« Si quelqu'un à l'air agressif, prends l'air plus agressif, il va fuir... sinon appelle-nous dans le talkie-walkie »*. Il apprend ainsi à faire face, et à compter sur l'entraide rugueuse. Etape suivante : Il devient le patron de l'irrigation des champs.

Retour en France

En France, la situation pousse à la réflexion : son père est malade, sa mère insiste pour qu'il revienne et puisqu'Yves est parti après l'anniversaire de ses dix-huit ans, l'armée française le déclare déserteur. Il quitte donc le kibboutz au bout d'un an et demi. Une expérience qui lui forge un mental pour le reste de la vie.

Une fois réglés les problèmes administratifs et toujours dépourvu du bac, Yves vit de petits boulots de vendeur. Il a l'occasion de rencontrer Jean-Claude Aron, qui fut notamment le promoteur de la Tour Montparnasse. Celui-ci est tellement impressionné par son bagout qu'il appelle l'un de ses amis banquiers et lui dit simplement : *« prends ce jeune. »* Voici Yves bombardé conseiller en placements immobiliers à vingt ans, sans rien y connaître. Il se révèle un bon vendeur. C'est la première qualité professionnelle qu'il développe.

De père en fils

Un jour, alors qu'il se rend rue des Gravilliers, dans le IIIe arrondissement de Paris pour rendre visite à ses parents, il voit une ambulance garée devant la boutique familiale. Son père est sur la civière, victime d'un arrêt cardiaque. Yves laisse donc son emploi et intègre l'entreprise familiale, CMP pour remplacer son père. Celui-ci revient plus tard et les deux vont travailler ensemble pendant des années. Yves en profite pour se réconcilier avec le monde qu'il dédaignait pendant son adolescence, il sort tous les soirs. Père et fils véhiculent des images bien différentes auprès de leur entourage : le père, doté d'une forte personnalité, est vu comme un saint, toujours courtois et très attaché à la forme. Le fils rageur, fonceur, traîne une image de « mouton noir ».

CMP est alors une entreprise de grossiste qui achète aux fabricants français des jouets et tous les objets utilitaires, en dehors du textile et de la nourriture, qu'elle revend à des forains qui les vendent eux-mêmes au client final sur le marché. La boutique fait 35 m². Le père et le fils se disputent souvent. Après une dizaine d'années, le père confie la gérance à son fils et devient un salarié actionnaire de l'entreprise, intégrant le service de facturation.

L'instinct pour définir un nouveau cap

Pour autant, ils n'analysent pas la situation de la même façon. Yves est persuadé que les forains vont disparaître. Il veut donc sortir de son périmètre et vendre aux magasins. Il entre ainsi sur le marché alors dynamique de la carterie, y compris sur les produits moyens de gamme. C'est ainsi qu'il commence l'importation de produits. Son père lui impose une contrainte : ne pas vendre aux grossistes confrères. C'est pourtant une des voies du développement. Son père a peur de l'enjeu et des difficultés de ce marché. Yves accepte finalement ses conditions, il ne vend pas aux clients de ses fournisseurs. Il remplace en revanche tous ces derniers. Sauf un, dont CMP et l'un des plus gros clients.

Le changement de fonctionnement d'Yves ne plaît pas dans son milieu professionnel. C'est ainsi qu'un employé de ce même dernier fournisseur de son père qu'il a conservé lui interdit un jour l'entrée de son stand lors d'un salon, sur ordre : « *tu es devenu un concurrent.* » Yves en est malade et en vomit de rage.

C'est un autre incident qui le pousse à prendre un nouveau tournant décisif. Un jour, un fournisseur lui livre un conteneur venu de Chine. Yves et son équipe se coltinent le déchargement et le rangement dans les différents stocks en étage de la boutique. Après une journée éreintante de travail, il voit le fournisseur refuser un escompte à son père, alors que celui-ci le paye au comptant. Nouvel accès de rage d'Yves et départ le lendemain pour la Chine. En deux ans, il prend le marché, se passant désormais d'importateur.

Il franchit un autre pas cinq ans après. Au milieu des années 1990, il rompt le pacte conclu avec son père : il vendra à tout le monde. Les importateurs ont réalisé la même évolution qu'Yves : ils ont délaissé les grossistes pour aller directement vers les clients les plus importants.

A la recherche du positionnement

Devenir fournisseur de magasins ne s'improvise pas, Yves doit faire ses preuves auprès de clients qui le regardent de haut, considérant CMP comme un fournisseur pour forains. Mais le monde tourne et l'époque voit le développement des discounters. Les magasins traditionnels doivent eux-mêmes se remettre en question.

Yves refuse de se cantonner à un seul marché : il continue à fournir les forains en même temps qu'il place ses produits auprès des enseignes classiques, notamment les grands magasins parisiens. Quelques temps après, il change à nouveau de stratégie pour se lancer dans le marché nouveau des discounters en participant à leurs salons. Mais c'est un marché

dont il faut comprendre la logique particulière. Les prix sont très bas et ceux des fabricants guère en dessous.

Où trouver une marge ? Yves y renonce. Pendant deux ans, il vend même à perte. Il bluffe ses clients en leur disant qu'il arrive à trouver de meilleurs prix que les autres. En réalité il revend 50 centimes un objet qu'il achète un euro. Le tout pour prendre le marché. Mais il n'est pas fou, cette activité ne représente alors qu'une infime fraction de ses affaires. La part de trésorerie qu'il dilapide ainsi ne risque pas le mettre en danger. Puis il comprend comment négocier les prix auprès des fabricants : *« je refuse le prix, c'est là que la négociation commence».*

Et puis, il propose un nouveau raisonnement aux discounters : des produits achetés un tout petit peu plus cher que leurs produits habituels, mais de meilleure qualité, ou plus beaux, qu'ils vont revendre plus cher. Il devient un « vendeur de marges ». Seuls quelques-uns le suivent au début. Assez cependant pour développer son activité.

Aurevoir la rue des Gravilliers

C'est à partir de 2005 que la progression s'accélère : l'entreprise passe à 35 personnes, le chiffre d'affaire dépasse les dix millions d'euros. CMP est encore située dans son local historique, rue des Gravilliers, pour des raisons sentimentales. C'est en 2007 qu'elle déménage au Blanc-Mesnil et change de dimension, conformément à la place qu'elle occupe sur le marché. Yves capitalise alors sur sa spécificité : vendre des produits de très grande qualité à des prix vraiment accessibles.

Il faut remonter un peu en arrière pour comprendre cette nouvelle inspiration. En 2000, le dernier fabricant français de peluches, qui est un client d'Yves, dépose le bilan. Yves lui propose de créer une entreprise d'importation de peluches. Ainsi naît Doudou & Co, dont le nom est trouvé par sa femme qui le conseille pour sa communication. Rapidement, Doudou & Co devient le leader du marché en France, en Europe et tutoie le sommet du marché mondial. Yves ne s'est pas seulement associé à un expert de la peluche, quelqu'un qui connaissait son marché depuis 25 ans. Il a réalisé ce qui constitue le point différenciant du marché, en dehors du prix : le design.

Démocratiser l'objet design

En 2002, Yves embauche une créatrice pour que CMP développe ses lignes de produits puis les fasse fabriquer en Chine. Il découvre alors un autre monde, qui va de l'objet à son packaging. L'équipe design de CMP compte maintenant des créatrices qui développent les marques et les lignes de produits.

Avec un constat : les deux cultures qui représentent le bon goût au niveau international sont la culture française et la culture italienne. Aussi chaque objet de CMP renvoie à l'une de ces deux cultures, de façon souvent explicite, notamment quand il s'agit de la cuisine. L'entreprise possède ainsi une quarantaine de marques. Yves reconnaît qu'au début, sa démarche manquait de finesse : « *j'ai eu un nombre incalculable de procès car je m'inspirais dès que je voyais quelque chose qui me plaisait. Maintenant, nous créons vraiment.* »

Le marché a ainsi évolué : même dans le discount, même à des prix très bas, le consommateur peut trouver des objets possédant un beau design. Pour Yves, c'est une nécessité que l'on comprend très bien en France. Pourquoi ? Parce que la France est le seul pays développé qui ne soit jamais sorti de la crise : les autres y entrent et en sortent, même l'Espagne, mais la France ne s'en sort jamais vraiment, avec son chômage de masse. Alors le consommateur perd du pouvoir d'achat. Si on voyage, on comprend même que d'un point de vue relatif, il s'appauvrit. La seule façon qu'il lui reste de consommer, c'est d'acheter pas cher. Mais il n'a pas envie d'objets laids. Pour qu'il achète de nouveaux objets, ceux-ci doivent être beaux.

Qualité prix

En tenant ainsi les deux facteurs différenciant, le design et le prix, CMP accélère sa croissance. Elle exporte maintenant dans une soixantaine de pays, directement depuis les usines de production en Chine. Mais l'ensemble est toujours géré depuis la France. Ce qui oblige à structurer un service logistique performant et une forte exigence qualitative. Là encore, être français procure un avantage issu d'une contrainte : « *avec notre législation et notre réglementation surabondante, une entreprise française a besoin d'être très bonne : nous faisons à la fois des services et des produits, de l'international, et comme nous sommes importateurs, nous avons aussi toutes les administrations sur le dos. Autant dire que quand l'administration française est satisfaite, le client ne peut être mécontent !* »

Pour cela, Yves a créé en 2007 une entreprise qui s'occupe du contrôle de qualité de ses produits en Chine. Ses inspecteurs ont parcouru 400 000 kilomètres en 2016 pour aller contrôler sur place, dans les usines, la qualité de la production. C'est la condition nécessaire pour vendre à toutes les enseignes. CMP fourni aussi bien la GSA que les GSS, les enseignes tendances et les maisons de la presse auxquelles elle fournit des produits d'achat impulsif comme des petites torches, des jouets ou des casques audios de qualité à deux euros.

Transversalité et adaptabilité, la clé du succès

CMP joue donc aussi bien sur la transversalité des clients que celle des produits, couvrant les secteurs de l'enfance, du ménage, de la cuisine, de l'ameublement, des accessoires féminins, comme peu d'entreprises au monde en sont aujourd'hui capables. L'ameublement est le nouveau secteur qui stimule l'esprit d'Yves. CMP a ainsi vendu 500 tables et 3 000 chaises à un camping qui voulait équiper ses 500 mobile home.

Selon le métier de son client, l'argument commercial n'est pas le même : Yves intéresse le discounter avec le prix et conclut avec la qualité. Il fait l'inverse avec les enseignes haut de gamme. Et pour la GSA, il démontre d'abord qu'il maîtrise la logistique. Là encore, les concurrents sont peu nombreux sur ses volumes.

La croissance est maintenant forte, elle dépasse les 20% par an. Avec 70 millions de produits écoulés par an, et 300 personnes c'est une belle réussite pour Yves qui insiste : il n'a jamais eu une vision des affaires, il a simplement cherché à survivre, s'appuyant sur son instinct pour se confronter aux évolutions du marché.

Aujourd'hui, avec CMP, Doudou & Co, l'entreprise de contrôle de qualité en Chine, une société rachetée en Espagne, un développement en cours sur d'autres pays, Yves est à la tête d'un véritable groupe. L'intuition ne suffit plus. Il travaille avec un coach en stratégie, surveille son retour sur investissement et ses KPI. Il a récemment racheté les 20% de CMP qu'il avait cédé à un fonds d'investissement, retrouvant une complète liberté.

Toujours libre

C'est ainsi qu'Yves pense qu'il commence juste à avoir un début de vision des affaires : « *c'est amusant* » concède-t-il, dans un sourire qui en dit long. Avec sa solide réputation de dur, c'est peut-être quand il explique sa façon de gérer ses adversaires au krav maga que l'entrepreneur, ceinture noire Dan 2 obtenue en Israël, en révèle le plus sur la personnalité qui fonde sa réussite : « *Lors des combats j'aime bien me laisser enfermer dans un coin. Ce qu'on ne doit jamais faire. Là le type, il est sûr d'avoir gagné. Il commence à s'exciter en pensant à comment il va me finir. C'est là que je me mets à cogner, vite et fort.* »

Du côté des affaires, il ne porte jamais de cravates, ne donne jamais une image de supérieur. Et aussi cet aveu : « *dans des réunions avec des banquiers, des hommes d'affaire, je leur dis souvent : je ne comprends rien à ce que vous me dites. Là, ils s'énervent, ils pensent que j'ai des arrières pensées, me*

disent que je dois jouer franc-jeu, et ils ne savent pas si c'est la vérité. »

Conscient qu'il faut jouer des épaules pour faire le job, Yves assume avoir construit son parcours pour sa liberté et celle de sa famille, pas en fonction des autres. Il travaille en association avec sa sœur ainée et partage ainsi les parts et les revenus de leurs sociétés : *« Toujours à 50% sans se poser de question. »* Et prépare sa relève, deux de ses quatre fils vont rejoindre le groupe familial ou leurs deux cousins sont déjà présents à des postes stratégiques depuis plusieurs années.

Pour couronner le tout, Yves a reçu en 2016 le prix Ile de France des «Victoires des autodidactes» décerné par le Harvard business school club de France en collaboration avec Mazars, une reconnaissance de sa réussite professionnelle par ses pairs.

Le dieu de la curiosité dans l'entreprise

Araxes

Araxès est né de l'imagination de Sybille Bellamy-Brown. Ce dieu de la curiosité l'accompagne dans les entreprises pour nourrir leurs équipes du souffle de la culture. Une idée qui a permis à Sybille de s'ouvrir un espace de liberté à l'extérieur des musées et de l'école du Louvre où elle enseigne.

Aujourd'hui, les salariés du groupe Pasteur Mutualité découvrent le musée Camondo, lors d'une visite guidée organisée par Araxès. L'occasion de s'immerger dans la demeure d'un grand collectionneur du début du XXᵉ siècle. De comprendre aussi que la mondialisation ne date pas d'hier, puisque les Camondo avaient fait fortune à Constantinople avant de venir s'installer à Paris. De prendre conscience de l'impact des grands événements sur les destinées familiales : Nissim de Camondo mort lors de la Première Guerre mondiale, sa sœur exterminée dans les camps nazis avec ses enfants pendant la Seconde.

Bien plus donc qu'une simple visite de musée. Pour Sybille Bellamy-Brown, fondatrice d'Araxès, l'art et la culture ne sont pas des luxes ou de simples divertissements qu'une entreprise offre à ses salariés, mais un enrichissement de leur vision et l'occasion d'approfondir les relations entre les membres d'une même équipe.

A tel point que malgré ses interrogations, le groupe Pasteur Mutualité reconduit chaque six mois le programme de visite du quartier du parc Monceau, où il réside. C'est la passion de son dirigeant pour l'art qui a motivé le lancement du programme, mais c'est l'énergie et la solidarité que les équipes y trouvent qui justifie sa poursuite. Araxès leur a ainsi permis de s'approprier la grande richesse historique et culturelle de ce coin de Paris : musée Jacquemart-André, musée Cernushi, maison de Debussy, Musée Henner, hôtel de l'ordre des pharmaciens. Un lien se crée ainsi entre les personnes et le quartier où elles travaillent, un autre regard aussi.

Faire du déménagement un enchantement

C'est encore plus vrai pour des quartiers moins enchanteurs au premier abord. Sybille accompagne ainsi dans l'ancien territoire de Renault à Boulogne les salariés d'une entreprise qui vient d'y déménager. Avant même la visite, elle leur présente en conférence l'histoire du quartier, avec sa forte dimension industrielle et son importance à l'époque de l'essor de l'industrie automobile.

Dans la rue, elle utilise sa formation en histoire de l'architecture pour susciter un regard éclairé sur les différents bâtiments, leur fonction, leur style, leur époque. Au passage, les salariés se rendent compte de la présence d'autres sociétés dans leur quartier de travail, y compris d'entreprises qui sont des fournisseurs ou des clients potentiels. C'est ainsi que les salariés apprécient plus rapidement la nouvelle localisation de leur travail, se créent des repères au-delà du chemin entre le bureau et la plus proche boulangerie et apprennent à s'orienter dans un territoire qui devient aussi le leur.

Une très bonne façon d'atténuer le choc du déménagement pour les entreprises, à une époque où nombreuses sont celles qui changent d'emplacement, dans et autour de Paris. Sybille a ainsi contacté des amis avocats pour proposer des conférences-découvertes du quartier de la Porte de Clichy au personnel du Palais de Justice transféré de l'Ile de la Cité.

Inciter les salariés à créer

La découverte du quartier peut être encore plus directement liée à l'activité de l'entreprise et de ses salariés. Araxès a ainsi été missionné par une filiale de la SNCF qui gère des logements sociaux à la Part Dieu, à Lyon. Les équipes avaient une image négative du quartier et se trouvaient donc dans une position inconfortable dans leurs rapports avec les locataires.

Sybille leur a présenté l'histoire du quartier, ses différentes époques, avant de leur faire découvrir *in situ* les différents styles architecturaux présents, témoins des évolutions de l'urbanisation du lieu. S'inspirant de l'œuvre de l'artiste français Jean-François Rauzier, elle a incité les salariés d'ICF Novedis à venir avec leur appareil photo faire le tour du quartier, pour composer ensuite des images sur lesquelles la juxtaposition des façades constitue un véritable tableau. Le résultat a été suffisamment esthétique pour en décorer les bureaux et donner au quotidien à l'équipe une fierté légitime envers le quartier, ses immeubles et ses logements.

Pourtant, au moment d'obtenir l'accord pour cette prestation, Sybille a bien failli tout perdre. Face à la responsable des ressources humaines qui émettait des doutes, avait peur de quelque chose de trop théorique, elle s'est d'abord contentée d'un « *faites-moi confiance !* » avant de repenser aux conseils donnés par l'ami qui l'avait mise en contact avec ce prospect : « *cette personne a besoin de faits, d'exemples précis, elle ne se contentera pas d'idées...* » Sybille s'est reprise, a cité des exemples de conférences données dans d'autres entreprises, démontré qu'il ne s'agit pas de prestations pour initiés, mais bien d'une approche destinée à tous et capable de susciter l'adhésion, en apportant un véritable éclairage du contexte de l'entreprise par des aspects culturels. Elle a ainsi conclu l'affaire et fait un pas de plus dans son apprentissage de la dimension commerciale de son métier.

Entrepreneur plutôt que conservatrice

Une nécessité pour cette littéraire qui se voyait fonctionnaire et plus précisément conservatrice de musée. Son parcours, hypokhâgne, khâgne, Ecole du Louvre, université et préparation aux concours ne la destinait en rien à devenir entrepreneur. Seulement peut-être, l'héritage inconscient du caractère de son père, lui-même un temps entrepreneur. Tout en préparant le concours de conservateur, Sybille se garantit un accès gratuit aux musées en devenant conférencière. Il ne s'agit d'abord pour elle que d'un titre bien pratique pour assouvir sa passion et voir toutes les expositions.

Ce n'est qu'avec l'échec au concours qu'elle réalise pleinement que guide-conférencier est aussi un métier, alors sa passerelle la plus directe vers le monde du travail. Elle commence donc comme guide à la Cité de l'Architecture, forte de sa spécialisation dans le domaine. Son œil pétille encore à l'évocation des adolescents emmenés là par leurs professeurs, arrivant sans motivation ni envie dans le musée. Elle les accueillait d'un rire en disant : « *allez ! n'ayez pas peur, ça va vous plaire !* » son caractère direct et son discours sans affectation, établissent alors un lien avec les jeunes, comme aujourd'hui avec les salariés de ses entreprises clientes.

Sybille travaille ensuite pour une agence de guide-conférencier, avec l'idée de varier ainsi les lieux de visite en n'étant pas attachée à un seul musée. Quelques années plus tard, une amie rencontrée lors de la préparation au concours lui propose de créer ensemble leur propre agence. L'expérience dure quelques années, le temps pour Sybille de finir de réaliser qu'elle ne peut se satisfaire d'organiser seulement des visites.

La culture comme véhicule de la réflexion

Elle pense alors vouloir travailler en entreprise et inonde de C.V. toutes celles auxquelles elle croit pouvoir être utile. Le retour est sans appel : zéro réponse ! vient le temps

de l'introspection et de la réflexion. La jeune femme comprend alors que c'est la façon de faire son métier qui ne lui convient pas et surtout les objectifs qui lui sont assignés. Elle est convaincue que la culture est plus que jamais nécessaire, y compris en entreprise et qu'il faut donc formaliser la bonne offre.

De son expérience, elle retient que la visite de musée et d'exposition ne peut-être qu'un volet de l'offre, répondant à un besoin précis, mais pas l'ensemble de celle-ci. C'est aussi l'époque où les entreprises se penchent sur les problématiques de qualité de vie au travail, permettant ainsi à Sybille de présenter un second volet. Le troisième vise à répondre à des problématiques ponctuelles, notamment de logique de marque, en complément du travail réalisé par des agences de communication, ou de management d'équipe, cette fois, en complément de l'action d'un coach ou d'un cabinet de ressources humaines. Enfin, le dernier volet de son offre est l'accompagnement au déménagement et l'appropriation territoriale.

Ces quatre volets ne sont pas issus d'une réflexion théorique. Leur présentation en tant quel tels est récente, fruit des années d'expérience de Sybille, des réponses qu'elle a apportées au fil de ses rencontres, aussi bien à des dirigeants d'entreprises, qu'à des services ressources humaines ou à des agences de communication. La démarche de Sybille est donc à rebours du schéma des start-up. Le concept n'arrive qu'après l'expérience, ou plus précisément, les expériences.

Créer un dieu de la curiosité : Araxès

Huit ans se sont ainsi écoulés depuis qu'elle a quitté son associée. Huit ans qui lui ont permis de développer sa propre palette, jusqu'au jour où l'un de ses clients lui a posé la question de la marque et du catalogue. La question n'était pas innocente et le client bien placé pour la poser, puisque dirigeant d'une agence de communication. Celle-ci, W, recourt aux services de Sybille pour sortir ses créatifs de l'univers de la publicité, leur apporter une vision plus large et des angles nouveaux pour aborder leur travail pour leurs propres clients.

La collaboration a commencé en 2010, avec une conférence sur le Grand Paris, dans la suite de la consultation lancée par Nicolas Sarkozy. L'agence W a défini son besoin au fur et à mesure et demandé à Sybille de créer un programme de conférences *ad hoc* : C'est ainsi que Sybille leur a présenté l'histoire des grands magasins, rappelant au passage l'importance de la publicité et de la séduction dès le XIXe siècle, comme le démontre le roman de Balzac, *César Birroteau*.

Convaincue de la justesse de la remarque et qu'elle doit donc créer une société, trouver un nom, un logo et mettre en ligne un site internet, Sybille réunit des amis pour une soirée brainstorming. La soirée est productive, mais c'est l'équipe de W qui trouve le nom d'Araxès : le dieu (inventé) de la curiosité. La même équipe lui propose trois logos : le premier représente le contenu des conférences de Sybille ; le second met en avant la dimension esthétique ; le troisième est une explosion de couleurs et de symboles, mélange d'art grec et égyptien, sans oublier le pop'art.

Une vraie fantaisie qui désacralise l'art et la culture pour en faire des interlocuteurs de notre quotidien. C'est lui que retient Sybille, déterminée à ne pas coller au stéréotype du métier, avec le passage obligé par un blog esthétisant. L'équipe de W, qui la connaît depuis des années a ainsi pu lui construire une communication qui reflète véritablement son entreprise. Pour le site, les tarifs de W sont trop élevés pour Sybille, mais l'agence lui dit où s'adresser pour son budget.

Croiser les voix et les regards ...

En quelques semaines de 2016, l'activité professionnelle de Sybille se trouve donc habillée d'un concept, d'un nom de marque, d'un site internet et d'un style graphique original. De quoi appuyer sa recherche de clients et conforter l'identité de sa société. Cette évolution était d'autant plus nécessaire que Sybille ne travaille pas seule, mais avec deux autres conférencières. Sybille a rencontré la première à l'école du Louvre, où elles enseignent maintenant toutes les deux

dans des domaines complémentaires. L'expérience a nourri leur confiance réciproque et leurs projets de vie différents leur évitent le risque de la concurrence, Anne-Sophie est professeur à l'université.

L'autre comparse, Cendrine, présente un profil différent et une approche critique de l'art, nourrie par ses études de philosophie. Sa voix envoûtante faisant le reste. Ce sont donc des regards différents qu'Araxès propose à ses clients, avec trois intervenantes différentes, mais pas interchangeables : les interventions de chacune ne sont pas d'abord liées à des questions de disponibilités, mais aux thèmes à traiter et au ton et à l'esprit attendu par l'entreprise.

Forte de la disponibilité d'Anne-Sophie et de Cendrine, Sybille peut se consacrer au développement commercial d'Araxès. On sent ici à la fois une exigence, le rappel qu'une vie sans culture manque de couleurs et d'éclat, et une façon d'établir un lien. Finalement, c'est en parlant d'art et de culture que Sybille se montre la plus directe, révélant un peu plus de sa personnalité et de ses goûts. Au point de s'ouvrir sur ses interrogations : « devais-je emmener mes clients *voir les installations de Jeff Koons ? est-ce vraiment un artiste ? ou un imposteur ?* »

Ce n'est pas parce qu'une exposition existe que Sybille la propose à ses clients. Elle cherche d'abord ce que celle-ci peut leur apporter, avant de voir quelle conférencière sera la plus adéquate pour présenter les œuvres et en transmettre la sève. Ainsi de Dali qui la laisse complètement froide, mais qui peut être abordé aussi bien sous l'angle de la virtuosité technique que de la création de marque ou de la technique de la mise en scène.

La preuve par l'expérience

Pour les clients récurrents, Araxès propose chaque année un panorama des expositions, avec une brève présentation d'une vingtaine d'entre-elles, leur propos et ce que les visiteurs peuvent en attendre. Parmi elles, deux coups de cœur bénéficient d'une présentation plus détaillée, suscitant souvent des envies de visites. Car la démarche d'Araxès, c'est aussi tout simplement cela : rapprocher les salariés de la culture, le temps d'une pause déjeuner. Le succès se mesure alors au nombre de personnes qui parlent ensuite entre elles de leurs coups de cœur et se découvrent des goûts communs : « *cela peut sembler trivial, mais au bout de quelques mois d'interventions dans une entreprise, je constate que certains collègues se sont mis à aller ensemble visiter des expositions et créent ainsi un lien qu'ils n'auraient pas forcément développé aussi vite sans notre venue.*»

Ce sont aussi des témoignages de personnes qui expliquant aux intervenantes d'Araxès que grâce à leurs conférences, elles ont expliqué des monuments à leurs enfants ou les ont aidés dans leurs devoirs scolaires. Mais aussi cette dame, qui la veille de partir à la retraite a tenu à prendre un café avec Sybille, pour lui dire en tête à tête : « *je n'ai jamais emmené mes enfants dans des musées, mais grâce à vous, je vais y emmener mes petits-enfants.* »

Jailli de sa boîte Campbell, Araxès suscite ainsi la curiosité, qui libère une forme d'énergie qui se retrouve au travail. Pour les entreprises, les salariés, comme pour Sybille, le parcours n'est pas une ligne droite : l'art et la culture ne semblent pas des éléments indispensables à la bonne marche de l'entreprise. Mais en bonne navigatrice, Sybille a appris la nécessité des escales, elle sait aussi tirer des bords et donner à voir aux entreprises ce qu'elles peuvent gagner à remonter le vent de la culture.

Ainsi d'un grand groupe de téléphonie, dont les dirigeants disaient « *chez nous, cela ne marchera jamais* » en parlant de ses conférences. Résultat : plus de quatre cents personnes remplissaient l'amphithéâtre de l'entreprise pour la conférence sur New-York. C'est la force de Sybille que de rendre réel ce qui pourrait n'être qu'un sujet de discussion : elle donne une place à l'art et à la culture dans les entreprises.

LIBRES

Libérer la main du chirurgien

Visible patient

Savoir à l'avance où l'on va et connaître la route est la meilleure façon de ne pas se perdre. Surtout quand la destination est une tumeur à enlever. C'est pour montrer la route aux chirurugiens que Luc Soler et Jacques Marescaux ont créé Visible Patient, une entreprise qui fournit en ligne l'image trois dimensions de l'intérieur du corps du patient.

Libérer la main du chirurgien ... et l'esprit du patient

Un moyen de libérer la main du chirurgien qui sait ainsi à l'avance exactement l'étendue de la tumeur, les veines et les artères qui l'alimentent, les organes qu'il aura à soulever pour accéder à celles-ci et les ligaturer. Libération aussi de l'esprit du patient : quand le chirurgien montre l'image, explique ce qu'il va faire, pourquoi il peut l'opérer en montrant toutes les parties saines de l'organe malade qui seront conservées et permettront de vivre bien, il est plus facile d'aller confiant et serein au bloc opératoire.

Cette précision nouvellement acquise évite donc d'enlever une partie saine du corps ou au contraire d'en laisser une malsaine qui n'aurait pas été bien localisée. Une question de vie ou de mort quand il s'agit des poumons, du foie ou des reins : n'enlever qu'une partie d'un rein et non la totalité permet par exemple de faire face si le second rein se met à dysfonctionner.

Elle réduit aussi la durée des opérations. Avec cette anecdote récente : un chirurgien en pédiatrie avait réservé son bloc opératoire pour une durée de sept heures : « *Quatre heures suffiront peut-être, mais la lésion est très grosse de plus de 20 cm et on ne sait pas vraiment où elle est accrochée ».* Avait-il confié à Luc Soler. Avec l'imagerie fournie par Visible Patient, le chirurgien a pu anticiper chacun des gestes qu'il allait faire, voir à l'avance les points d'attache de la lésion qu'il fallait couper et ainsi sauver la vie du patient, le tout en quarante minutes ! Une réduction de la durée de l'opération qui est une garantie de moindre fatigue et donc de sécurité, pour le patient comme pour le chirurgien.

Seule limite, Visible Patient n'est pas pris en charge pour le moment par la Sécurité Sociale. C'est cependant déjà un dispositif médical répondant à toutes les réglementations européennes et américaines, mais il ne correspond pas aux achats habituels des hôpitaux : soit du matériel, qui fait partie des investissements ou du fonctionnement de l'hôpital, soit des actes médicaux remboursés par la Sécurité Sociale. L'image 3D produite par Visible Patient est en beaucoup de point atypique : Au-delà de faciliter le travail du chirurgien, son utilisation conduit à la modification du plan même de l'opération dans plus de 30% des cas. Mais c'est un outil virtuel et à usage unique, puisqu'après l'opération, le corps du patient n'est plus exactement le même.

En attendant, si un patient souhaite que son chirurgien utilise Visible Patient pour préparer son opération, il devra généralement le payer lui-même pour une somme comprise entre 300 et 800 euros. Rien comparé au prix d'une vie, ou au prix d'une opération : 25 000 euros en France, 75 000 aux Etats-Unis, toujours trop pour de nombreux patients.

Chercheur ... et entrepreneur

Luc Soler, qui est à l'origine du projet, ne veut pas attendre cette prise en charge par la sécurité sociale ni que ce soit au patient de prendre en charge l'intégralité de ce coût qui interdirait son accès aux plus pauvres : combien de patients seraient privés de cette avancée majeure pendant ce temps ?

Alors il s'active. Visible Patient l'a obligé à étendre son registre, de directeur de recherche de l'IRCAD à président et directeur général d'une entreprise. Il en assume pleinement la responsabilité et reprend le raisonnement en chef d'entreprise : le produit, l'imagerie en trois dimensions, répond à un besoin avéré, à un marché, il reste à trouver qui paye ce produit.

Puisque la Sécurité Sociale consommerait au moins quatre ans pour devenir le payeur, Luc se tourne vers les mutuelles. Celles-ci ont tout intérêt à ce que leurs assurés puissent utiliser Visible Patient : en rendant les opérations plus sûres, on réduit les erreurs et on améliore la prise en charge du patient, on limite l'ensemble des frais qui lui font suite, des jours d'hôpitaux aux soins, en passant par la convalescence, voir les arrêts maladie.

Une logique économique qui échappe d'autant moins aux mutuelles qu'elle correspond parfaitement à leur modèle : en assurant une population nombreuse avec une garantie peu couteuse pour chacun, on peut collecter l'argent nécessaire pour les soins du petit pourcentage qui aura besoin de l'utiliser, comme dans tout modèle assurantiel.

Si la logique est imparable, la concrétisation contractuelle nécessite du temps et de l'énergie. Luc Soler va ainsi se rendre au CES de Las Vegas, le plus grand salon de l'informatique du monde, pour y convaincre des mutuelles d'inclure l'imagerie trois dimension de Visible Patient dans leurs options. Une occasion également de développer l'entreprise au-delà du marché français.

La faute au Français

· Luc Soler est habitué à trouver la solution pour arriver à accomplir son objectif : sauver des vies par l'action médicale. Même quand ce rêve lui semble interdit. Il a construit toute sa vie professionnelle sur la liberté qu'il s'est donnée de l'accomplir.

Dès l'enfance, il veut le réaliser en devenant chirurgien. Tout se passe bien jusqu'à la première année de médecine. Luc échoue au concours avec un 6/30 en Français. Il sollicite le chirurgien chef de service du bloc de chirurgie pédiatrique qui avait opéré sa petite sœur quelques années auparavant pour un stage d'été. Luc découvre pendant trois mois la précision technique du métier de chirurgien, sa dimension humaine aussi et surtout la lutte de la vie contre la mort. A la fin des trois mois, Luc se voit proposer de réaliser deux opérations en duo. Le médecin opère, lui l'assiste. Il touche alors son rêve du doigt : tout se passe bien, il va devenir chirurgien. Sauf qu'à la fin de sa deuxième première année de médecine, il obtient 7/30 en Français. Les portes se ferment, Luc ne sera pas chirurgien.

Il se débat d'abord, essaie d'obtenir la possibilité de faire une troisième première année. Refusée. De passer par la formation indépendante des médecins aux armées. Refusée. Là il s'effondre. Tellement choqué de perdre la liberté de réaliser son rêve. C'est le soutien de sa famille qui lui permet de se relever.

En passant par l'informatique

Sans vrai objectif, Luc se rabat alors sur un compromis : faire de son loisir un métier. Puisqu'il aime l'informatique et les jeux sur ordinateurs, il s'inscrit en faculté de sciences, option informatique. La force de travail acquise pendant ses deux premières années de médecine lui permet d'exceller, au point de partir pour l'Ecole des Hautes Etudes en Informatiques de Paris et de s'inscrire ensuite en D.E.A à Orsay. Là il découvre l'option enseignée par le professeur Nicolas Ayache : l'informatique médicale. Le professeur cherche alors un stagiaire pour développer un simulateur en chirurgie digestive sur le foie.

Voilà Luc relancé sur la piste de la médecine et de la chirurgie. C'est ainsi qu'il est repéré par le professeur Jacques Marescaux. Fondateur de l'institut de recherche contre les cancers de l'appareil digestif (IRCAD, à Strasbourg), celui-ci dispose alors d'un financement européen pour une thèse sur la chirurgie

assistée par ordinateur. Luc se retrouve donc en thèse, à faire le pont entre le milieu médical et le milieu informatique. Pour que chacun comprenne ses explications, il les teste d'abord sur sa future épouse, qui n'est ni médecin, ni informaticienne.

Réaliser son rêve

Luc intègre l'IRCAD en 1998 et y développe un laboratoire de recherche mettant l'informatique au service de la chirurgie et en profite au passage pour passer un diplôme universitaire de chirurgie au sein de l'IRCAD, fermant ainsi l'épisode douloureux de son échec à la faculté de médecine. Plus émouvant encore, Jacques Marescaux l'invite à venir présenter le résultat de ses recherches à l'Académie de Chirurgie.

Là, le jeune diplômé explique devant Henri Bismuth qui a réalisé la première transplantation d'un foie d'adulte sur un enfant, que l'anatomie du foie décrite par Couinaud, qui en est l'inventeur, est partiellement fausse. Plus précisément, dans la mesure où chaque être humain est unique, l'anatomie vasculaire réelle des patients ne correspond pas au modèle anatomique dans 60% des cas. Que donc l'utilisation de cette anatomie générale à la place de l'anatomie 3D spécifique pour définir les opérations comportent des risques pour le patient.

C'est l'heure du jugement. Car Couinaud est dans la salle, ce que Luc ignore. Mais en vrai scientifique, celui dont la description anatomique du foie est alors utilisée par tous les médecins du monde, accepte que ses recherches soient une étape de la connaissance, désormais dépassée grâce au travail du jeune homme. Dès lors, la voie est libre pour Luc. Avec le soutien de Jacques Marescaux, il développe à l'IRCAD une équipe de recherche en chirurgie assistée par ordinateur et devient professeur associé à son service de chirurgie digestive et endocrine.

Le talent d'abord

Pour rendre les innovations développées accessibles à tous, il faut développer une solution qui soit simple d'utilisation pour les chirurgiens. Les deux hommes rédigent et proposent alors le projet MEDICA@ que la région Alsace financera en 1999 et qui aboutira à Visible Patient. Ce sont des années intenses de recherche qui s'ensuivent.

Il faut du temps pour développer le bon logiciel qui délivrera l'information pertinente aux chirurgiens, sous une forme qui leur soit accessible, quelle que soit leur familiarité avec l'informatique. Luc en profite pour exercer la liberté que lui offre le Professeur Marescaux jusque dans le recrutement : il rencontre parfois des personnes avec de grandes capacités, mais mal orientées ou mal employées et les intègre de son équipe.

Lui qui était regardé de travers dans le milieu informatique parce qu'il portait une cravate et partait en uniforme pour ses missions dans la réserve active de la Sécurité Civile comme volontaire, a ainsi recruté un chercheur auquel sa hiérarchie reprochait un manque de discipline... parce qu'il ne portait pas de cravate. Luc a rapidement décelé ses compétences au-delà de son apparence, dont il sourit encore, pour l'intégrer dans son équipe de recherche. Toujours impressionné, Luc souffle que c'est l'un des meilleurs chercheurs qu'il connaisse. Il est aujourd'hui le directeur de recherche de son équipe IRCAD, son directeur développement étant lui un ancien étudiant en informatique avec qui il échangeait des jeux vidéos quand Luc était étudiant en médecine : « *je ne connais personne de plus compétent que lui dans son domaine* ».

Autre exemple : Un jour où il fait appel à une société de prestation de service pour un infographiste, la société lui envoie un prestataire. En discutant, Luc apprend que le jeune homme est un archéologue qui s'est mis à l'informatique pour modéliser en trois dimensions les Buddhas de Bamiyan, qu'il avait étudié en mission archéologique en Afghanistan avant que les Talibans ne les détruisent. Pour aller au bout de l'originalité, il

dispose aussi d'un diplôme de tourneur-fraiseur. Luc ne tarde pas à l'embaucher : aujourd'hui il crée des instruments, les dessine à l'ordinateur et en réalise lui-même le prototype physique.

Rendre visible l'invisible

Avec une équipe assemblée en fonction des talents et des personnalités et après plusieurs projets de recherche financés par l'Europe, les résultats attendus sont au rendez-vous : une modélisation complète satisfaisante de l'intérieur du corps humain est obtenue en 2011, relevant le défi de le rendre visible en trois dimensions, avec l'identification des parties saines et des parties malades. Une fois le logiciel créé et suffisamment accessible, il reste encore un obstacle pratique : il faut mettre le chirurgien face à un ordinateur. Cela peut sembler aller de soi, pourtant de nombreux chirurgiens restent peu à l'aise avec les interfaces informatiques.

C'est un facteur externe qui apporte alors la solution. Un jour de 2012, Luc Soler voit le professeur Marescaux, de vingt ans son ainé, consulter ses courriels sur une tablette numérique. Rien de surprenant jusque-là, sauf qu'auparavant le professeur ne lisait pas ses mails sur l'ordinateur, mais les imprimait. Voilà qui donne une idée à Luc : « *Vous utiliseriez notre logiciel sur une tablette ?* » s'entend-il demander. La réponse positive déclenche tout. Aujourd'hui, Visible Patient est une application que l'on peut même consulter sur son téléphone.

Si le patient a fait un scanner ou une IRM, demandé à ce qu'elle soit modélisée en trois dimensions par Visible Patient, son chirurgien peut consulter l'image en trois dimensions sur n'importe quel support connecté. Le médecin peut faire apparaître et disparaître les différents organes pour voir l'intérieur du corps en transparence et révéler les vascularisations, comme dans un jeu, avec une manipulation tactile. La couleur verte est absente du corps humain. Elle a donc été choisie pour représenter dans l'imagerie de Visible Patient les tumeurs et toutes les parties à retirer.

Du laboratoire au marché

Jacques Marescaux et Luc Soler ont d'abord cherché des industriels pour transférer leur solution et la mettre sur le marché. Ils se sont heurtés à une double difficulté : leur idée était atypique, convaincre un industriel de sa pertinence opérationnelle et économique aurait pris du temps ; autre souci, aucune équipe ne maîtrisait aussi bien le sujet et ses perspectives que celle de Luc à l'IRCAD. Assurer le transfert de compétences et la vision du projet à une autre équipe aurait été long, couteux et peut-être hasardeux.

Eux connaissent précisément le besoin des milliers de chirurgiens venus du monde entier se former chaque année à l'IRCAD et des 360 000 chirurgiens connectés sur le site websurg de l'IRCAD.

Cheville ouvrière en même temps que penseur du projet, Luc se retrouve à créer la société Visible Patient avec Jacques Marescaux et deux membres de son équipe IRCAD : Arnaud Charnoz, Directeur Technique et qualité, par ailleurs l'un des anciens étudiants de Luc,qui avait réalisé sa thèse sous son encadrement en 2003 et Anne-Blandine Mackowski directrice de production chez Visible Patient, qui l'avait rejoint en 2001 en tant que manipulatrice en radiologie. Créer et diriger une entreprise demande aussi des sacrifices, une implication que seule la passion peut rendre supportable. Luc n'imagine pas réussir une telle aventure sans un entourage familial et professionnel qui apporte stabilité et décompression.

Libre de sauver des vies

Autant dire qu'arrivé à ce stade de développement, Luc ne laissera personne l'empêcher de rendre accessible Visible Patient à tous les patients. Il a déjà affirmé sa liberté de sauver des patients malgré son échec à la faculté de médecine ; individualisé véritablement les opérations grâce à l'imagerie médicale assistée par l'informatique ; surmonté la difficulté à trouver

des industriels capables de développer son produit original et de le commercialiser en créant Visible Patient avec Jacques Marescaux, qui veille sur sa réussite depuis leur première rencontre il y a plus de vingt ans, il ne laissera pas un process de prise en charge financière, légitime mais long et coûteux, retarder l'accessibilité de son application et de l'imagerie au plus grand nombre de patients.

Avec Visible Patient, Luc Soler continue de poursuivre librement son objectif : sauver des vies. Pour lui, entreprendre n'est qu'un moyen d'arriver à son objectif. C'est aussi une expérience qui lui permet de découvrir de nouveaux aspects du monde et des personnes. Son activité lui procure aussi une grande richesse dans les rencontres, déjà expérimentée lors de la création de son équipe de recherche à l'IRCAD, aujourd'hui augmentée par la diversité de ses interlocuteurs.

Surtout, diriger son entreprise l'a libéré d'une forme d'égoïsme : pourquoi devenir chirurgien pour soi- même s'il peut sauver non pas un patient, mais des milliers grâce à Visible Patient ? Luc a renoué avec son véritable objectif, il n'a pas besoin d'être celui dont la main sauve et que le patient remercie ensuite. Il lui suffit de savoir que son entreprise va rendre accessible à tous un moyen de sécuriser les opérations et de vivre en bonne santé.

Conquérir la liberté après la sécurité

Harmodeal

Assurer la sécurité matérielle et le confort d'une famille peut sembler le premier pas en direction de la liberté. Pour autant, les années passant, nombreux sont ceux qui réalisent que cette sécurité, certes essentielle, ne leur suffit pas, ne les comble pas. C'est ce qui est arrivé à Eric De Cozar, dirigeant de grands groupes internationaux. Une véritable révélation philosophique, à 50 ans, l'a poussé sur la voie de l'entrepreneuriat, pour devenir véritablement libre et se sentir enfin un homme complet.

Pas de liberté sans sécurité

Eric fait partie des personnes très rationnelles pour lesquelles les éléments constitutifs de la liberté la précèdent. Pour être vraiment libre, c'est-à-dire pouvoir concrètement exercer sa liberté, il lui fallait d'abord s'en donner les moyens. Ceux de l'esprit d'abord : lecteur des stoïciens, Eric ne conçoit pas la liberté sans la lucidité, la connaissance de soi et du monde. De façon pratique, acquérir les compétences humaines, relationnelles et professionnelles qui lui permettent aujourd'hui d'agir fut son premier objectif. Raisonnable, il avait aussi besoin de confronter son désir de liberté avec la réalité de son être : était-il fait pour cela ? et si oui, quand serait-il prêt ? Pour lui, pas de doute, il fallait d'abord atteindre un certain niveau de maturité et de sérénité, avoir su maîtriser ses passions et ses démons. Et surtout, il ne pouvait s'imaginer libre sans avoir d'abord assuré la sécurité matérielle de sa famille.

Ce besoin en sécurité d'Eric s'explique par un sens des responsabilités inné mais également par des origines sociales modestes, avec un père d'origine Espagnole dont la famille avait fui le régime franquiste en 1936 et une mère descendant de marins-pêcheurs de Port-en-Bessin. Elevé dans un petit logement au septième étage sans ascenseur du XVe arrondissement, Eric ne manque de rien d'essentiel, mais prend conscience du pouvoir de l'argent sur nos vies.

Déjà en couple avant d'être étudiant, Eric travaille la nuit à l'hôpital Saint-Joseph, au bloc de chirurgie cardio-vasculaire pour payer sa scolarité à l'INSEEC, une école de commerce parisienne. Il tient la jambe des patients que l'on va amputer, il transporte les corps jusqu'à la morgue et nettoie le bloc opératoire des traces de sang. Travail la nuit, études le jour, il développe sa force de travail, et devient conscient de la valeur de l'effort : il a déjà fait sa mue, laissé derrière lui l'adolescent rêveur et peu travailleur qu'il fut, pour devenir un homme impliqué.

De commercial à directeur des clients internationaux

Après un service militaire effectué en Allemagne, il intègre General Foods, qui changera plusieurs fois de nom, pour s'appeler aujourd'hui Mondelez. Ambitieux et persévérant, il y gravit tous les échelons de la fonction commerciale et marketing, de simple représentant au départ, jusqu'à devenir directeur des clients internationaux pour l'ensemble des produits du groupe, dans le monde entier. Les clients sont notamment les grandes enseignes de la distribution, comme Carrefour et Auchan. Un parcours qui lui permet d'acquérir une grande expérience de l'encadrement des forces de vente et de la négociation internationale.

Fidèle en tout, toujours marié à la femme qu'il a rencontrée quand il avait quatorze ans, fan du PSG depuis 1977, Eric passe les vingt premières années de sa vie professionnelle dans la même entreprise. Il quitte le groupe en 2010 pour rejoindre Ferrero, mais il est rattrapé quelques mois plus tard par un ancien patron de Mondelez, qui lui propose de reprendre le poste de directeur des clients internationaux de Diageo, le lea-

der mondial des spiritueux. Eric y cumule la présidence des cinq entités France. Il est donc le représentant pour l'entreprise au niveau légal, fiscal et administratif, et fait partie du conseil d'administration de la joint-venture MHD, crée avec LVMH. Désireux de toujours garder une dimension opérationnelle, Eric occupera également le poste de directeur général pour le groupe de la filiale Suisse, basé à Lausanne.

Cette longue expérience des grands groupes internationaux permet à Eric d'atteindre son premier objectif : réunir un patrimoine suffisant pour assurer la sécurité matérielle de sa famille. Mais cette aventure professionnelle lui a également apporté beaucoup de satisfactions individuelles. En effet, il jouit d'un beau statut, il apprend beaucoup, et connait des émotions fortes et positives en manageant des équipes de vente, qu'il «fait grandir», « promeut », « motive ». Il connait également des expériences douloureuses quand il s'agit de licencier.

Une soif de connaissances... et un désir de partage

Faire carrière dans un grand groupe lui donne aussi la liberté de reprendre ses études et d'assouvir sa soif de connaissances. Il ainsi décroché un MBA d'Executive manager d'HEC, un diplôme de marketing de Berkeley, un de commerce international d'UCLA, de leadership d'Oxford et, tout récemment, un Master en communication de crise et de médiation de l'Université catholique de Paris.

Ce besoin d'apprendre s'accompagne d'une envie de transmettre ses compétences qui l'a conduit à faire des conférences et à donner des cours à HEC, à l'Ecole des Ponts et Chaussées, à l'Université de Monaco. Et dernièrement, Eric vient de prendre la chaire de « Sales force management » de Sup de Co La Rochelle. Ce parcours professionnel et académique révèle à Eric une passion : la négociation. Au point d'écrire un ouvrage sur le sujet : *Négocier plus pour négocier mieux*, publié aux Editions Dunod en 2013.

La révélation stoïcienne et l'appel de l'entrepreneuriat

Néanmoins, cette réussite a un prix. Le revers de la médaille d'une carrière de dirigeant de groupe, c'est une pression permanente, beaucoup de stress, des objectifs chiffrés de résultats toujours plus exigeants, souvent inatteignables, construits pour pousser les équipes à donner le maximum et ne jamais se satisfaire de ce qui est réalisé : même quand la croissance est forte, le verre semble ainsi toujours à moitié vide. Eric ne maîtrise pas son agenda, ni son temps, plus il gravit d'échelons, plus les contraintes sont fortes. Et même à un niveau hiérarchique très élevé, les décisions prises ne sont jamais vraiment les siennes. On ne fait qu'appliquer les injonctions stratégiques du groupe, voire des actionnaires qui le financent. On est alors privé de plusieurs libertés essentielles : celles de choisir, de décider, d'agir et surtout de prendre des initiatives. Eric ne peut jamais dire non. Il pense alors reprendre sa liberté et se lancer dans l'entrepreneuriat.

Une première fois, il est prêt à franchir le pas, ayant tout préparé pour créer son activité indépendante en 2010. Mais la proposition de rejoindre Diageo lui semble alors trop intéressante pour refuser. Six ans plus tard, la direction de Diageo décide la suppression de son poste de Directeur Général en Suisse. Eric accuse le coup. Pour se ressourcer, il déambule dans une librairie, au rayon philosophie, comme d'habitude. Son œil est attiré par un livre sur Marc Aurèle. Alors qu'il connaît le nom de cet empereur stoïcien, Eric ne l'a jamais lu, ni lu d'œuvre le concernant. Il achète le livre et le dévore. Le voilà bouleversé : Il réalise soudain qu'il a passé des années à ne chercher qu'à assurer une sécurité matérielle et a construit toute sa vie professionnelle sans s'interroger sur son besoin de liberté. Il réalise un manque immense dans son existence, comme s'il ne marchait que sur une jambe. La joie spinozienne qu'il a cultivée jusqu'ici, en progressant dans l'effort, ne lui suffit plus, il veut se sentir entier, conquérir sa véritable liberté.

Créer son entreprise va lui permettre de s'accomplir et de se sentir enfin pleinement responsable de ses résultats. Il va enfin exercer toutes les formes de liberté qui lui manquaient

dans sa première partie de carrière. Libérer sa créativité en développant ses propres contenus, en prenant des risques, maîtriser son agenda, décider quand il travaille et à quel rythme, en fonction d'objectifs que lui seul s'assigne et surtout, prendre des décisions et pouvoir dire non.

Des valeurs et une méthode qui font grandir

Eric prend tout en charge : la définition de son offre, celle de ses cibles, son marketing et sa commercialisation. Son domaine d'expertise reconnu étant la Vente et la Négociation, c'est donc ce qu'il propose de partager pour faire progresser ses clients. Il crée Harmodeal, société de conseil et organisme de formation à la vente et à la négociation. Sa liberté s'applique aux méthodes et à l'esprit de son accompagnement : pour Eric, la recherche d'un accord (deal) qui conclut une vente ou une négociation, ne peut se faire que dans une quête d'harmonie. Il refuse de devenir un maître en manipulation. L'objectif est de construire de la valeur pour les deux contractants, afin de mieux la partager. C'est le seul gage d'une relation économique durable. L'approche de la vente et de la négociation qu'il enseigne est donc basée sur la création de valeur et sur le partage en construisant la relation. Plus profondément, c'est sa conception de la vente qu'il veut partager : il ne s'agit pas tant de « vendre » que d'aider l'autre partie en lui proposant une solution qui répond à l'un de ses besoins.

Le choix de se positionner comme consultant et formateur n'est pas seulement lié au potentiel d'autonomie et de liberté de cette posture, bien que cette dimension soit très présente dans sa réflexion au moment de se lancer. Il continue à viser la joie selon la définition inspirante de Spinoza : « *Le passage d'un état à un état supérieur et le plaisir du progrès ressenti dans l'effort pour y parvenir* ». Au fond, quand il prépare ses supports pédagogiques, Eric vise au-delà de la simple amélioration des résultats commerciaux de ses clients. Son véritable objectif est qu'ils ressentent ce bonheur d'avoir progressé grâce aux efforts accomplis. Par ailleurs, grâce aux conférences données dans de grandes écoles, il a développé son sens pédagogique et se sent prêt en 2016 à en faire le principal axe du développement de sa société.

En bon commercial, Eric structure son offre. Avec trois services : le conseil en négociation, avec pour objectifs d'améliorer les marges et les profits de ses clients ; la médiation (Eric est médiateur agréé) pour aider les parties à trouver une issue à un conflit et permettre d'éviter un procès qui peut s'avérer long, couteux et incertain ; la formation à la vente et à la négociation, pour améliorer les compétences et les performances des managers et des équipes commerciales.

Le temps des premières missions

Fort de son passé professionnel, Eric est conscient qu'il peut facilement démarcher des grands groupes et des entreprises internationales, et se trouver face à des besoins dont l'échelle dépasse les capacités d'un homme seul. Il a donc constitué un réseau de consultants partenaires, dont il garantit le niveau de compétences et d'exigences.

La prospection reste son affaire. Rapidement il décroche une première mission qui colle parfaitement à son expérience : il doit former les compte-clés internationaux d'un grand groupe à mieux résister à la pression des acheteurs. Deuxième mission : une grande enseigne française de la distribution demande à Harmodeal de former ses acheteurs au niveau international. Deux missions symétriques qui permettent à Eric de tester son offre, sa posture, ses contenus. Le tout avec l'avantage d'être au cœur de son expertise.

Vient ensuite un autre grand groupe français. Mandaté en sous-traitance par un de ses partenaires, Eric est sollicité pour aider des managers à faire évoluer le profil de leurs vendeurs. L'idée consiste à leur faire adopter une posture plus « challenger » envers leurs clients. Eric crée donc un module de formation spécifique. Pour cela il demande à accompagner un vendeur sur le terrain pour avoir une idée précise de la réalité.

Incapable de se contenter de le suivre en simple observateur, Eric dispensera quelques conseils, très appréciés par le vendeur.

Stimulé par la création

Une évolution de ses missions qui démultiplie son énergie : il n'est jamais si heureux professionnellement que quand il s'agit de créer, de cerner une problématique, puis de mettre en place le programme et les outils adaptés pour y répondre. Une fois une problématique de vente posée, Eric ne peut plus s'empêcher d'y réfléchir, de chercher la meilleure façon de la résoudre.

Aussi, est-il est comblé avec la mission suivante, puisque son contenu lui permet tout simplement d'aider un cadre à se doter d'une dimension commerciale dans le cadre d'un projet de reconversion. Un groupe de l'industrie automobile finance cette formation pour qu'un de ses cadres puisse créer sa propre activité indépendante. S'agissant d'une personne au profil d'ingénieur, issue de l'univers de la logistique industrielle et grand spécialiste des process qualité, toute la démarche commerciale est à construire : stratégie marketing, politique commerciale, définition de l'offre, tarification, techniques de prospection, découverte des besoins, argumentation et conclusion. De quoi régaler Eric qui développe un programme de formation ad hoc pour lui permettre de s'adresser avec pertinence à son marché.

Un guide attentif

Dès la première année de son existence, Harmodeal se retrouve à accompagner des personnes vers l'autonomie et la liberté. Sans doute la mission qui résonne le plus profondément dans l'esprit d'Eric. Mettre sa liberté au service des autres compte d'autant plus pour lui qu'il reconnaît que dans sa carrière de salarié, il s'est surtout concentré sur sa propre réussite : « *J'avais mes désirs et mes démons. Pendant des années, je me suis concentré sur mes résultats, mes bonus, mon plan de carrière »* Avec une volonté et une détermination qui laissait sans doute peu de place aux hésitations.

Le voilà maintenant apaisé. Loin des formateurs qui jouent au sachant, il équilibre la fierté due à son parcours professionnel par une humilité naturelle. Rigoureux dans sa démarche et attendant le même investissement de ses interlocuteurs, Eric ne dispenses pas son savoir de façon descendante, mais avec une réelle écoute du besoin de l'autre. Si son expertise de la vente et de la négociation lui permet de découvrir rapidement ce besoin, son objectif demeure la véritable progression des compétences.

Cela passe par l'identification du manque de chacun dans les moyens d'accomplir sa mission : confiance en soi, connaissance théorique du processus de vente ou de négociation, présentation des arguments, réponse aux objections, sont autant de points clés qu'Eric met en place dans l'esprit des personnes qu'il forme. Sa passion de la matière transparaît assez vite. Suffisamment pour faire la différence auprès de ses prospects. Ceux-ci n'achètent donc pas seulement un C.V. très fourni et ses effets rassurants, mais aussi un état d'esprit, une attitude qui crée une dynamique et nourrit la confiance.

Au point de voir les missions se multiplier. Harmodeal est même sollicité pour accompagner le lancement d'un projet d'une nouvelle marque de spiritueux en élaborant les facteurs clés de succès de la consommation comme de la commercialisation. Des cabinets d'avocats lui demandent de former leurs équipes à la négociation. Pour une société de location d'espaces évènementiels, Eric forme les commerciaux à la découverte des besoins clients par l'art du questionnement. L'objectif n'est pas de manipuler ou d'influencer son interlocuteur contre son intérêt, mais bien de gagner en efficacité, en tenant compte des comportements des interlocuteurs et de leurs besoins. Les techniques d'influence qu'il partage visent à comprendre les véritables motivations derrière les positionnements, à mieux

résister à la pression et à mieux vivre les discussions lorsque la tension s'élève du fait des enjeux.

Un homme enfin libéré

Au bout d'un an, Harmodeal compte vingt comptes clients en activité. Assez pour valider la pertinence de son offre et permettre à Eric de vivre pleinement sa liberté. Celle d'un homme qui assume la responsabilité de l'ensemble de son action professionnelle, depuis la création de son offre jusqu'à sa mise en œuvre, des supports pédagogiques à la relation client. Il sait maintenant que ses résultats ne sont le fruit que de son travail personnel.

Eric s'est ainsi libéré, visant à devenir un être plus complet. Il ne renie pas son passé, s'appuie dessus au contraire, mais construit un autre pan de sa personnalité. Libre des moyens employés, il se trouve en accord avec lui-même, avec le sentiment d'être enfin capable de choisir. Il est surtout libre d'accompagner d'autres personnes dans leurs progrès, de donner et de recevoir en retour.

Un job pour les jeunes

Job'N'Roll

A l'origine de l'application Job'N'Roll se trouve un constat simple : le marché du travail en France ne permet pas la rencontre efficace entre des jeunes motivés pour des missions courtes ou occasionnelles et des entreprises en demande. Mais surtout la volonté d'une étudiante de retrouver sa liberté d'esprit et sa créativité en quittant les études pour créer son entreprise.

Rebelle

Sarah Tondji est une très bonne élève. Disciplinée, assidue. Elle fait trois ans de préparation aux concours des grandes écoles de commerce. Là, le doute l'envahit : de nombreux camarades voient leur futur en école comme un eldorado. Fini le travail intensif de la prépa, bonjour les soirées toutes les semaines, la consommation d'alcool illimitée, la fête sans fin. La jeune femme n'en voit pas l'intérêt. La répulsion monte en elle. La peur de se perdre, de suivre le flot comme un mouton et de ne rien apprendre d'essentiel : *« je ne voulais pas écraser mon cerveau et l'abîmer dans l'alcool. Je n'étais pas sûre d'être assez forte pour résister. »*

C'est le moment où elle remet tout en cause. Elle ne comprend pas le sens de ce système français qui flatte certains élèves en leur disant qui sont les meilleurs à l'issue du lycée. Puis les écrase en classes préparatoires avec des notes démoralisantes. Les place ensuite sur un piédestal quand ils intègrent une grande école. Au point de les couper complètement des autres, de les faire vivre dans un monde séparé, entre personnes « d'élites » qui intègrent les entreprises avec dans la tête la certitude d'être meilleures que les autres. Sarah pense encore à ce jeune homme qu'elle a rencontré et qui ne comprend toujours pas que son manager soit issu d'une école moins bien classée que la sienne.

Le modèle paternel

C'est la disparition de son père qui joue le rôle de déclic. Entrepreneur, il est un modèle inspirant pour ses quatre filles. Par son implication, la force qu'il tire de son activité. Lever tôt, une heure de sports, beaucoup de travail : son programme quotidien ne l'empêche pas de partager avec elles son enthousiasme, son envie de créer, au contraire. A l'une, il dit que sa passion pour l'hôtellerie doit déboucher un jour sur l'ouverture de son propre établissement. Il encourage la seconde, passionnée par la restauration. Il pousse chacune d'elles à aller au bout de ses idées. Mais ce n'est qu'à son enterrement, dans son village au Cameroun qu'elles se rendent compte du personnage qu'il était devenu et de l'ampleur de son action.

Plus d'un millier de personnes assistent à la cérémonie, des ministres témoignent. L'entrepreneur, grandi en France était revenu au village à trente ans, à la mort de son propre père. Là il avait créé une entreprise de robinetterie haut de gamme, avec des produits importés de France et d'Italie. Puis avait basculé dans le BTP et construit une université et pris ainsi une dimension entrepreneuriale nationale. Toujours humble, jamais il n'avait donné l'impression à ses filles de se prendre pour quelqu'un d'important. Au contraire, il leur disait que l'argent n'est qu'un moyen, que l'objectif c'est l'amour et au premier rang, l'amour familial. C'est d'ailleurs le dernier souhait qu'il leur a confié : nourrir leur amour réciproque.

Un marché à prendre

Sarah abandonne la perspective des concours pour s'inscrire à l'université Dauphine, en licence de mathématiques.

Epuisée par la prépa, Sarah se disait qu'elle allait respirer un peu. Ce n'est pas le cas. Le niveau est élevé, le rythme intense. Mais le vrai problème n'est pas là. Si elle a échappé à l'effet d'entrainement de l'ambiance des écoles de commerce, elle n'a pas retrouvé son équilibre pour autant. La jeune femme est mal dans sa tête, mal dans son corps. Le niveau d'abstraction des études finit par la saturer. Sa créativité est bridée. Elle a l'impression qu'elle n'arrive plus à apprendre. Elle ressent le besoin de faire des choses tangibles et d'acquérir de véritables compétences.

Sarah recherche alors un job étudiant. C'est ainsi qu'elle a déjà financé son permis de conduire. Elle ne se voit pas un jour intégrer le monde du travail sans avoir accumulé une expérience concrète de la vie en entreprise. Là encore, le système éducatif français lui paraît marcher sur la tête : « *la plupart des étudiants en master de maths n'ont jamais travaillé. Ils ne savent pas ce qu'est l'entreprise, finissent par en avoir peur. Pire, l'école ne leur apprend même pas à utiliser des outils de base comme Excel.* » Sarah, de son côté amoncelle de l'expérience et du savoir-être.

Surtout, elle réalise alors que de nombreuses entreprises cherchent des jeunes pour des jobs ponctuels, des missions courtes ou des embauches et ont du mal à trouver des candidats motivés. De L'autre côté, elle rencontre beaucoup de jeunes qui cherchent à travailler pour financer leurs études ou démarrer dans la vie active et ne trouvent pas d'offres. Elle étudie le marché. Pour elle, les limites de sites existants ressortent de leur approche quantitative : une petite entreprise ne peut pas se pencher sur mille C.V., ni même deux cents pour trouver un stagiaire ou un salarié. Il faut donc qualifier l'offre.

La naissance du projet d'entreprise

La jeune femme veut donc créer une entreprise qui fasse un véritable pont pont entre les jeunes motivés par un travail et les entreprises. Elle a fini par accepter la disparition de son père et veut maintenant suivre son exemple et entreprendre. Elle se lance dans son projet avec une amie. Ce n'est pas le bon choix : les deux jeunes femmes ont le même parcours et le même type de compétences. Leurs discussions ne sont pas productives puisqu'il n'y a pas moyens de trancher sur qui a raison, ni possibilité de s'appuyer sur l'une des deux pour trouver d'autres compétences.

Sarah poursuit donc son projet avec d'autres personnes : Fawzi pour la communication et le marketing, Dalila qui étudie le droit des affaires et l'accompagne sur toute la partie réglementaire. Mais c'est bien Sarah qui pilote seule le projet au démarrage. Avec deux objectifs : créer une plateforme internet et établir un business model viable.

Afin de mieux s'y consacrer, elle obtient le statut d'étudiant entrepreneur. Elle poursuit donc son master, tout en intégrant le PSL, un institut universitaire de formation à l'entrepreneuriat. Les locaux sont situés au cœur de Paris, dans un espace qui ressemble à un lieu de coworking. La jeune femme y bénéficie de conférences et d'une formation de base à la comptabilité et au marketing. Mais aussi d'ateliers qui permettent de mettre le doigt sur des problématiques entrepreneuriales et de les résoudre. Sarah dispose aussi d'un tuteur qu'elle peut solliciter quand elle rencontre des difficultés.

Sarah se plonge activement dans le projet. Pour elle, c'est le concept et le mode de rémunération qui compte le plus. Ce n'est qu'après qu'elle s'intéresse à l'aspect juridique, accompagnée de Dalila. Elle se rend compte de la nécessité de poser le cadre, de choisir le statut et opte finalement pour la création d'une SAS.

Choisir ses équipiers

Au bout d'un an, le projet est prêt, l'entreprise est nommée Job'N'Roll. Sarah a investi l'argent pour le démarrage et le site est prêt en juin 2017. Celui-ci est tourné vers les jeunes avec l'exergue : « trouve ton job étudiant ». La présence sur

Facebook permet de générer des « like » puis du trafic sur le site. Rapidement les besoins en compétences et la quantité de travail à fournir obligent Sarah à étoffer l'équipe.

Elle est rejointe par deux prestataires pour la programmation, une commerciale Soraya, une consultante juridique : Dalila, dont la perspective est de devenir ensuite associée, tout comme Fawzi. Pour Sarah, il est évident que la motivation des personnes qui jouent un rôle clé dans l'entreprise est liée aux à la possibilité de bénéficier pleinement de sa croissance et donc de devenir associés.

Animatrice plus que chef

Elle ne se voit pas comme le grand chef, mais comme la personne qui fait le lien entre les autres, les articule pour arriver au résultat. Pour cela elle parle beaucoup et Job'N'Roll gagne la réputation au PSL d'être l'équipe qui parle le plus. Sarah y voit deux avantages : permettre à chacun de se sentir pleinement acteur de l'aventure et donc bien dans sa tête ; adapter rapidement les missions de chacun et l'action aux priorités concrètes qui se manifestent au fil des jours.

Elle a tiré les leçons de ses premières difficultés : si la sagesse populaire enseigne qu'il vaut mieux ne pas s'associer avec des amis, encore moins avec des membres de la famille, Sarah considère que la clé de l'échec ou du succès tient à la complémentarité des compétences. Ses liens avec une partie de son équipe sont d'abord des liens d'amitiés. Mais dans la mesure où chacun dispose de son domaine de compétences et ne se voit pas remis en cause en permanence par les discussions de l'équipe, alors chacun peut s'épanouir et assumer ses responsabilités. Dans ce cadre, les relations amicales ne font que renforcer l'équipe, alimentant la confiance et la solidarité.

Celle-ci se révèle importante dans les tunnels de désespoir que traverse par moment le projet. Sarah reconnaît que c'est le soutien de chacun qui permet alors de continuer à avancer. La voilà ainsi à la tête d'une équipe de sept personnes, sans s'effrayer de continuer à recruter pour soutenir le développement de Job'N'Roll. Elle a appris le management en prenant soin de ses petites sœurs : « *honnêtement, c'est bien plus difficile de gérer des petites sœurs dès l'enfance.* » sourit-elle, oubliant de préciser que cette fois, elle est bien la seule supérieure hiérarchique, sans le recours ultime des parents.

Le sentiment d'avoir enfin trouvé sa voie

Malgré toutes ces responsabilités ou à cause d'elles, Sarah vit mieux. Quand elle ne faisait qu'étudier, elle se sentait vidée de son énergie. Avec Job'N'Roll, c'est le contraire. Fini les problèmes de santé, la frustration, les doutes, elle n'a plus l'impression de perdre son temps. Pour elle, le secret est d'aller à l'essentiel... et de savoir prendre du recul, comme les mathématiques le lui ont enseigné : « *il faut être dedans et prendre la distance nécessaire. En maths, on remplit des pages et des pages de calculs, mais à un moment, il faut se demander s'il on est bien sur la bonne piste, si ces calculs nous mènent véritablement à une solution.* » Elle a ainsi gagné en rigueur à partir du moment où elle a lancé son projet. Sa responsabilité et ses enjeux la stimulent. Elle n'est plus jugée par des notes, mais par les résultats, une incitation suffisamment forte pour se remettre en question.

Savoir saisir les opportunités

Ce qui arrive très vite. Si le projet vise à donner des débouchés aux jeunes grâce à la plateforme en ligne, le modèle économique repose sur le financement par les entreprises. Celles-ci se voient proposer des abonnements pour poser des annonces. Or le site s'adresse aux jeunes. Résultat, même si dès les premiers mois, quelques entreprises s'abonnent, la montée en puissance est insuffisante de ce côté. Job'N'Roll risque de se retrouve face à une trop grande dissymétrie entre les nombre de candidats et celui des postes proposés. Sarah sait qu'il faut être réaliste, aller à l'essentiel, tout faire pour optimiser le travail, que l'on peut vite se perdre. Elle est obligée de trouver une

solution.

Le démarchage des entreprises par Soraya ne peut plus être le seul axe de développement. La seule solution pour gagner en volume consiste à ce que les entreprises viennent s'inscrire directement sur le site. C'est donc un des éléments clés du projet qui doit évoluer, seulement quelques mois après avoir été mis en œuvre. D'où le recrutement à l'automne 2017 de programmeurs pour refondre le site et lui donner deux véritables entrées : l'une côté jeunes, l'autre côté entreprise. Les deux interfaces seront visibles dès la page d'accueil, avec des messages spécifiques pour chacun des deux publics.

Déjà les entreprises se voient proposer un tri des C.V. en fonctions de critère comme la géolocalisation des candidats, leurs réelles disponibilités et leurs compétences. Avec cette offre qui facilite le recrutement, Job'N'Roll continue de progresser. Familly Sphere à Vincennes lui a confié ses annonces de recrutement de baby sitter. Badakan, qui met en relation des restaurants et des candidats a jugé utile de démultiplier la visibilité de son offre en passant par la plateforme. Du côté des visites, le site compte 30 000 visiteurs en trois mois et la croissance est exponentielle. Chaque candidat doit remplir un ensemble d'information. Cet effort constitue un premier gage de motivation. Les informations permettent ensuite la sélection des bons C.V. selon les critères de chaque entreprise, qui peut y ajouter des compétences spécifiques.

Ce qui n'était pas prévu au départ mais qui suscite de nouvelles réflexions pour Sarah, c'est que la plupart des jeunes qui déposent leurs C.V. sont des étudiants ou des diplômés en master et qu'en parallèle, les entreprises sont à la recherche de profils qualifiés. Alors que le projet initial visait les « petits jobs alimentaires », Job'N'Roll se voit déjà poussé par son marché réel à monter à en gamme. Encore un point à approfondir pour soutenir la croissance de l'entreprise. Sarah a déjà adapté les pratiques à sa cible de jeunes : Job'N'Roll organise des pique-niques et même des soirées pour mieux les toucher. Le petit sourire sur le visage de celle qui ne voulait pas aller s'enivrer dans les sorties organisées dans les écoles de commerce en dit long.

Small is beautiful

Consciente que la vie est un parcours, Sarah profite maintenant pleinement de la liberté qu'elle s'est donnée de s'épanouir. Elle pense encore à son père dont l'accomplissement de soi a servi de modèle à toute la fratrie. Pour elle, l'ambition nourrit l'ambition. Dans celle-ci la dimension de la réussite économique ne demeure qu'un moyen d'atteindre ses objectifs personnels. Mais un moyen qu'elle compte bien ne pas négliger, au contraire. Tout en sachant que sa force, elle ne la puise pas dans ses revenus, mais dans l'amour.

Sarah ne regrette pas de ne pas avoir fait d'école de commerce. Certains de ses amis suivent des cours sur l'entrepreneuriat, quand elle a déjà les mains dedans. Et sa certitude demeure : « *les grandes écoles sont des moules qui donnent les mêmes aspirations à tous : travailler dans la finance, dans un établissement prestigieux, avoir un gros salaire. A la fin, tout le monde est identique, alors que chacun est unique au départ.* » La force de conviction n'attend pas les années.

Pour elle, la bonne combinaison résulte d'un équilibre entre la spécialisation et la vision. Chacun doit maîtriser son domaine, et avoir une vue d'ensemble. Il faut approfondir sa spécialité pour arriver à l'excellence, mais continuer à être sollicité par l'ensemble des problématiques pour se poser les questions pertinentes et participer de la réussite de l'entreprise.

Avec Job'N'Roll, Sarah est ainsi passé des cours, qui ne parlaient qu'à son raisonnement, à une action infiniment plus subtile et diversifiée : nourrir à la fois la vision de son projet et son exécution ; les relations avec les partenaires et les membres de l'équipe. La jeune femme très cérébrale s'oblige ainsi à se remettre en en cause. Rationnelle, elle est presque gênée de parler de vibration, de magnétisme et d'énergie, mais elle reconnaît que son projet l'oblige à se confronter à elle-même et à se construire. Pas de doute pour Sarah, c'est ainsi qu'elle s'est sauvée de la perspective d'aller chaque matin à un travail qui n'aurait pu rien lui procurer d'autre qu'un statut social et un confort matériel mais sans lui donner le goût des choses, ni un sens à son existence.

Trouver sa véritable place... et celle des autres

Segur Search

Rencontrer Guillaume Ménager, c'est voguer sur les océans des grandes batailles navales et faire escale dans les pubs où Tolkien et ses amis éclusaient des litres de bière en parlant des langues que le Maître avait inventées. C'est réaliser que la vie d'un homme s'épanouit bien au-delà de ses actes, aussi bien dans la dimension de ses sens que de son intellect. La véritable quête qui l'a conduit à devenir un chasseur de tête indépendant a connu bien des méandres, chacun lui révélant un aspect de sa personnalité, de ses talents et de la liberté grande dont il a besoin pour s'épanouir.

Une enfance solitaire et studieuse

Il doit sa passion pour la marine à son père. Combinée à celle de l'histoire, le voilà qui connaît par cœur à dix ans l'ordre de bataille complet de l'affrontement du Jutland en 1916, lors duquel la Royal Navy envoya par le fonds les espoirs maritimes de la Kriegsmarine. Guillaume se verrait bien capitaine au long cours, pacha d'un navire de la Marine Nationale. Las, sourd pendant son enfance, affecté d'une faible vue et d'un corps malingre jusqu'à l'âge adulte, il ne correspond pas aux critères de l'Ecole Navale. Il adopte alors une autre stratégie : il veut passer le concours de commissaire à la Marine.

La meilleure préparation pour ce concours est Sciences-Po. Guillaume en fait son objectif. Il passe toutes son année de classe préparatoire au concours du 27 rue Saint Guillaume à travailler enfermé en bibliothèque ou chez lui. Après avoir connu l'internat dans un établissement de garçons, la mixité de la prépa est déjà une respiration pour lui, qui n'avait plus croisé au quotidien de jeunes filles depuis ses onze ans. Si les sens l'entraînent à une aventure amoureuse, l'intellect le classe parmi les premiers de sa prépa. Le concours de Sciences-Po en devient une quasi formalité.

Pas la suite, l'enfermement de Guillaume pendant un an pour obtenir le concours est en fait le reflet de son existence jusque-là. Elevé dans la campagne du Vexin dans une famille fusionnelle, mais marqué par sa surdité précoce, Guillaume ne s'est pas fait d'amis à l'école. Pire, avec son physique faible, il n'est même pas celui que ses camarades choisissent en dernier pour faire partie de leur équipe, mais celui qu'ils évitent carrément d'intégrer à leurs jeux.

Sa sensibilité ne fait que s'en exacerber, mais aussi, déjà son attention particulière à la place, au statut de chacun dans un groupe. Attention qui nourrit jusqu'à aujourd'hui un regard aiguisé sur le rôle que chacun peut jouer ou pas. En attendant d'exercer ce talent auprès de son entourage, Guillaume apprend à lire seul et lit beaucoup. Détecté très tôt comme un surdoué, il joue aux échecs avec son père qu'il admire. Du côté de son épanouissement rien ne s'arrange avec un échec amoureux dès le CM2 qui développe en lui un sentiment de rejet et renforce sa sensibilité au rôle de chacun.

La solitude formatrice

Vient le temps du collège et du pensionnat catholique. Guillaume vit une foi ardente. Il n'est toujours pas apprécié de ses camarades. Le pré-adolescent qu'il est vit comme un déchirement l'absence de présence féminine, lui qui dit aujourd'hui tant devoir à ses deux grands-mères comme éducatrices et comme modèles et à sa mère qui a su éveiller son intelligence. Il ne sait toujours pas se faire des amis. Isolé, il constitue un petit groupe de ce qui n'était pas encore des geeks, plutôt des

78

« intellos ». Ensembles, ils passent leurs loisirs à jouer des jeux de rôle, incompris aussi bien de leurs camarades que de l'encadrement de l'établissement. Cela ne suffit pas à faire de cette scolarité étouffante autre chose qu'un calvaire. Les résultats scolaires sont d'ailleurs d'abord médiocres avant de progresser au lycée, notamment en découvrant la philosophie.

Cela aura donc suffi pour ouvrir les portes de Sciences-Po, mais pas pour s'intégrer. Les années de solitude ont marqué Guillaume qui n'a aucun réseau. La difficulté est accrue par la force de sa foi : Sciences-Po est une école de relativisme et même de cynisme, pour certains. Malgré ses facultés intellectuelles, le voilà en échec. Il quitte la rue Saint Guillaume et s'inscrit à l'Institut Catholique de Paris. Au moins, le problème de la foi est réglé, il peut trouver des personnes à qui parler. Et Guillaume se concentre sur sa passion pour l'histoire. La découverte de Byzance l'amène à rebondir du côté de la Sorbonne pour suivre les cours de Michel Kaplan, l'un des plus grands spécialistes du domaine. A ses côtés, Guillaume effectue une recherche sur une bataille du XIIe siècle à l'issue tragique pour l'empire Byzantin : Myriokephalon.

Un pied dans l'enseignement ... loin de la Terre du Milieu

Sagement, son professeur lui conseille de passer les concours avant de s'inscrire en thèse. Le CAPES obtenu, Guillaume enseigne au collège. Il passe ensuite une année à Nottingham pour être certifié en enseignement bilingue. A ce moment, on l'imagine sur la route d'une carrière à la façon de Tolkien, le grand Maître découvert à l'adolescence. Vieilles bibliothèques aux étagères remplies jusqu'au plafond, costume en tweed confortable, digressions infinies sur des cultures depuis longtemps disparues, des batailles oubliées et des rois maudits lui iraient bien au teint. Mais voilà, l'enseignement en France, ce n'est pas cela. Guillaume se verrait bien enseigner dans un dialogue d'échange de pair à compagnon, mais cette posture est impossible dans le contexte français contemporain.

Il prend donc la première échappatoire, celle qui est rarement la bonne, juste une porte de sortie. Un ami qui travaille dans le recrutement lui demande s'il ne connaît pas quelqu'un pour écrire du contenu. Finalement Guillaume s'y colle. Les résultats sont assez bons pour rêver de créer une activité. Les deux amis lancent ensemble une offre de recrutement sur internet. L'affaire tourne court.

Trouver sa voie

Guillaume fait alors sa première rencontre avec le coaching. Son coach lui assène une vérité toute simple : « *Il est temps que tu réfléchisses à ce que tu veux vraiment faire. Prends trois mois pour réfléchir et reviens me voir.* » Guillaume réintègre alors la maison familiale et passe son temps à tailler les innombrables rosiers du jardin. Après avoir vu le rêve de la Marine nationale s'envoler, puis celui de l'enseignement, c'est une réalité profonde qui va alors lui apparaître : Guillaume se voit commercial, comme son père. Il se souvient alors de sa première vente, réalisée à l'âge de treize ans au Salon international du Jouet. C'est donc une partie de son moi profond qui remonte à la surface. Il fait d'abord un essai concluant dans une boutique de jeux. Des années plus tard, après avoir développé son expertise, il lui arrive de jouer au commercial pour d'autres : pour un batteur d'armures qu'il accompagne sur des foires internationales, ou pour une amie potière dont les réalisations sont extraordinaires, mais qui ne sait pas les vendre. L'occasion pour lui d'exercer son talent et de faire du mécénat de compétences, puisqu'il ne se fait pas rétribuer pour cet accompagnement.

A l'époque, il revient voir son coach et lui dit qu'il veut être commercial. En bon professionnel, celui-ci lui répond qu'il a trouvé le bon chemin, considérant qu'un choix véritablement personnel est forcément le meilleur. Cela peut paraître étrange qu'un jeune homme qui se fait peu d'amis en dehors d'un cercle d'historiens passionnés puisse devenir un bon vendeur. En fait, l'image qu'il se fait du commercial à partir de la haute opinion

qu'il a de son père, est celle d'une personne à l'écoute des autres, ayant le discernement nécessaire pour déterminer leurs besoins et leurs personnalités pour savoir quoi et comment leur vendre.

« Vendre des gens »

C'est ainsi qu'il intègre une filiale de BNP Paribas spécialisée dans la revente de grands systèmes informatiques professionnels. Guillaume s'intéresse à la matière, aux produits et décroche ses premiers succès. Comme la société vend aussi des prestations intellectuelles, il se fait fort de développer le marché de ces dernières. Celles-ci deviennent rapidement le cœur de ses ventes.

Animé par la soif d'apprendre, Guillaume passe des entretiens pour la Sagem. Le recruteur lui lance : « *Vous êtes trop créatif pour vendre des machines, quand vous serez prêt à vendre des gens rappelez-moi.* » L'idée fait son chemin. Guillaume accepte le challenge. Le voilà en apprenti gratuit auprès du gourou, Rogers Teunkam. Il le suit, l'écoute, voit tout. Comme un maître japonais, ce dernier ne lui révèle rien mais l'encourage à voler son savoir. Avec cette incitation : « *Quand vous me rapporterez de l'argent, je vous paierais.* » L'apprentissage prend et Guillaume commence à gagner sa vie dans ses nouvelles fonctions de recruteur. En plus de son talent commercial, Guillaume commence à y utiliser sa sensibilité exacerbée envers les questions du rôle de chacun et de son intégration dans la société, l'une des clés secrète de la logique du bon recrutement.

Une nouvelle expérience l'attend dans un cabinet international, Harrison Willis. Il y découvre une strate supérieure du recrutement, avec une vraie chasse. Mais le bonheur est de courte durée : des batailles d'actionnaires condamnent le cabinet. Après une vaine tentative de redresser la barre, Guillaume intègre en 2008 le cabinet Elzéar.

Travailler avec ses mentors

Le nom est un hommage à une nouvelle de Jean Giono, *L'homme qui plantait des arbres*. Les deux associés ont chacun une forte personnalité à laquelle Guillaume s'attache : Franck Jullié, un ancien de Michael Page lui apporte la rigueur, la méthode et l'exigence, tout en nourrissant leurs échanges théologiques, réflexions croisées entre le fidèle de l'Eglise catholique et celui de la confession évangélique. Thibault de Prémare lui apprend à se vendre plus cher et que l'indépendance d'esprit est l'apanage du dirigeant. En l'occurrence, ils tombent d'accord sur une formule dans laquelle Guillaume est un prestataire et non un salarié ; le voilà qui met un premier pas dans l'entrepreneuriat, même si Elzéar est alors le seul client de son cabinet nommé Ségur Search. Guillaume se sent grandir à leur contact. Le cabinet compte une vingtaine de salariés et figure parmi les acteurs de références sur le marché français.

Inspirée par les écrits d'Elikia M'bokolo, l'équipe d'Elzéar se positionne sur la ré impatriation des élites, notamment en Afrique et au Moyen-Orient. L'idée est de recruter des Togolais au Togo, des Tunisiens en Tunisie, pas de continuer sur la lancée des expatriations. La démarche plaît aussi bien aux entreprises clientes qu'aux observateurs de ces pays. La revue *Jeune Afrique* qualifie ainsi Elzéar comme l'un des deux cabinets de recrutement sérieux tourné vers le continent africain. Guillaume en profite pour apprendre un peu d'arabe, plus directement profitable que l'elfique qu'il maîtrise depuis de nombreuses années.

Pour autant, l'expérience ne dure pas. Si Guillaume admire et respecte ses ainés, il se sent un peu étouffé par leurs personnalités. Il tient absolument à pouvoir contribuer à hauteur de ce qu'il pense être sa valeur ajoutée. Il se rend alors compte que seule l'indépendance complète lui donnera la liberté d'apporter sa pleine contribution. Ayant quitté Elzéar dans de bonnes conditions humaines et matérielles, il s'essaie même à la prospection téléphonique. Six mois d'appel, zéro mission. Le bon commercial qu'il est doit se rendre à l'évidence : son métier ne peut se vendre au téléphone. Car la clé de l'obtention des

missions réside dans la force de la relation de confiance, impossible à obtenir en dehors du rendez-vous physique.

Intégrer Le bon réseau

En 2013, Guillaume dresse trois conclusions : il ne veut désormais travailler que pour lui-même ; il ne fera plus jamais de prospection téléphonique ; il misera toute sa prospection sur le marketing de réseau. Cela tombe bien, il avait rencontré Marc William Attié en 2008, le directeur pour la France et la Belgique francophone du réseau de marketing de bouche à oreille BNI. Guillaume se sent tout de suite à l'aise avec ce modèle qui lui permet rapidement de développer son réseau de contacts et sa clientèle.

Au point de prendre très vite des responsabilités dans l'organisation : il supervise des groupes, en crée. Le tout lui apporte une visibilité supplémentaire, tout en lui permettant de perfectionner progressivement son marketing de réseau en utilisant les bonnes méthodes au quotidien. De façon directe et indirecte, en quelques années, BNI lui apporte 70% de sa clientèle. L'activité de Segur Search se développe avec une croissance de 30% par an et une très belle année 2016, qui voit le chiffre d'affaires multiplié par deux et demi, grâce notamment à une très belle mission. Guillaume a retrouvé un niveau de vie confortable et se donne de forts objectifs de croissance.

Lever les blocages personnels

Des années de réflexion lui ont permis de transformer son rapport à l'argent. Dans son esprit, l'argent donnait de grandes responsabilités, avec le risque de mal agir. Appliquant un vieux principe catholique selon lequel il est plus facile d'éviter la tentation que de lutter contre, Guillaume se disait donc qu'il valait mieux ne pas gagner trop d'argent pour ne pas être tenté de mal l'utiliser. Replacé dans son inconscient, cette donnée, en plus de son besoin de liberté, explique peut-être en partie pourquoi il ne pouvait faire carrière dans une entreprise en tant que salarié. Dès 2012, son coach, Thierry Mouton, repère chez lui un grand différentiel entre son potentiel professionnel et ses réalisations. Cet écart est le résultat de son rapport problématique à l'argent. Deux mentors l'accompagnent pendant des années pour détricoter ce blocage. Guillaume en vient à la conclusion que pour faire le bien, il faut aussi avoir de l'argent et se sent libre de réussir matériellement comme il s'accomplit dans sa vie de famille, entouré de son épouse et de ses trois enfants.

Un homme libre

L'autre facteur qui limitait son potentiel de réussite comme salarié est son besoin de liberté. Avec sa façon de penser qui l'emmène rapidement aux conclusions, Guillaume n'est pas fait pour passer son temps à faire du reporting. Ni pour encadrer des équipes : s'il ne veut pas être dans la cage du salariat, ce n'est pas non plus pour être le dompteur. Il travaille donc maintenant avec un réseau d'indépendants. Quand il confie des missions, il attend un résultat, avec un niveau de qualité et un délai. Pour le reste, chacun est libre de s'organiser. Il ne contrôle pas plus le temps de ses prestataires que ses clients ne contrôlent le sien.

La liberté de s'organiser lui a apporté une grande sérénité. Avec sa sensibilité, il ne supportait pas d'être mis sous pression par une quelconque hiérarchie. Il ne travaille pas moins aujourd'hui, mais s'organise librement, ce qui change tout. S'il n'attend pas d'avoir un rendez-vous pour revêtir son costume trois-pièce, c'est autant par amour de l'élégance que pour une certaine idée de la posture professionnelle, quel que soit le lieu où il travaille, le salon de son appartement compris.

Trouver et attirer la perle rare

Avec une réelle bienveillance, l'expérience des cabinets de recrutement et une vraie capacité à cerner les êtres et leur

adéquation avec un poste, Guillaume inspire confiance aux entreprises qui lui confient leurs recrutements. Au cours des dix dernières années de recrutement de cadres dirigeants, il n'a dû pourvoir que deux fois un remplaçant suite à une rupture pendant la période de garantie. Son raisonnement c'est de trouver la bonne personne qui pourra vivre une belle histoire avec l'entreprise dans les dix ans qui suivent.

Son tact, sa culture ouverte et joyeuse lui permettent de créer un échange sincère et complet avec les candidats. Les compétences ne sont que le socle du recrutement. Les trois à cinq candidats que Segur Search présente en short list à ses clients ont tous, en plus, de réels facteurs d'adéquation au poste, à l'équipe et à l'entreprise. Le raisonnement de Guillaume est d'abord intuitif. Ce qui ne l'empêche pas de le corroborer grâce aux outils d'analyse psychologique, Guillaume est ainsi devenu un spécialiste du MBTI et du DISC, à partir desquels il crée ses propres questionnaires.

Heureux qui comme Ulysse ...

C'est toute une odyssée qui a ramené Guillaume dans son véritable pays, celui d'une fonction commerciale tournée vers l'être et d'une activité menée en indépendant, avec ses propres objectifs et méthodes. Avec en ligne de mire l'adéquation entre la personne et son environnement humain. Car finalement, chaque entreprise n'est rien d'autre que la somme des personnes qui la composent. Cette liberté prise lui permet aussi de mettre en accord sa vie avec ses idées. Libéral convaincu, Guillaume aimerait voir l'Etat se concentrer sur ses missions régaliennes et laisser les citoyens plus libres, tout en jouant son rôle d'arbitre. En bon anarchiste de droite, il conçoit les relations humaines comme des échanges entre pairs, chacun trouvant son accomplissement dans la sphère qui lui correspond le mieux.

Interculturellement vôtre

Intercultural Hub

Quand Patrick Hawran, un germano-américain rencontre Marie Desjars de Keranrouë, une bretonno-bretonnante, de quoi parlent-ils ? D'interculturel, évidemment ! Surtout quand l'un a vécu un an en Espagne, quelques années entre les Etats-Unis et l'Amérique Latine et le reste de sa vie en France, ajoutant trois langues à ses deux langues maternelles et le chinois par curiosité. Et quand notre bretonne de vieille souche a déjà visité quarante pays avant d'entreprendre un tour du monde de huit mois composé d'un bouquet de dix nouveaux pays.

A la rencontre des cultures du monde

L'idée de ce tour du monde interculturel était d'aller interviewer des jeunes de chaque continent pour leur faire expliciter les grandes tendances culturelles de leurs pays. Loin d'un travail livresque d'universitaire, il s'agissait de capter le pouls de l'époque en créant des regards croisés. Marie a ainsi interviewé cent jeunes de 18 à 24 ans, aidée dans sa mission par un partenariat noué avec l'Alliance Française. Celle-ci lui a présenté sur place des jeunes parlant le français et disposant pour la plupart d'une connaissance consciente de la culture de leurs pays respectifs. D'Afrique du sud au Brésil, en passant par les Philippines, l'Inde, la Malaisie, la Chine, L'Indonésie et l'Australie, Marie a constaté une uniformisation des apparences : musiques écoutées, tenues vestimentaires, mode de consommation, domination des grandes enseignes comme Mc Do. Le monde est bien devenu un village, du moins dans les aspects les plus superficiels de la culture.

Cela ne signifie pas pour autant la fin des préjugés et des a priori. Marie a ainsi entendu des phrases très dures envers les Africains en Asie et un refus des Boliviens au Chili. Heureusement, ce qui demeure tout en se transformant, ce sont aussi les données inconscientes de la culture, qui font que notre monde est porteur d'une véritable diversité.

La face heureuse de l'interculturel, c'est donc le dialogue des cultures et la curiosité envers l'autre, raisons pour laquelle Marie s'y est plongée dès la fin de ses études d'allemand, enchaînant avec un master en communication interculturelle. Curieuse de ce qui n'était ni ses racines bretonnes ni son histoire de France, elle a travaillé dans la coopération internationale, monté des projets interculturels en Asie et même produit la musique d'un musicien sénégalais, Dread Maxime Amar, au cours d'une mission où elle devait repérer des talents. C'est dans ce début de carrière qu'elle a forgé son expérience de routarde, visitant quarante pays.

Comprendre l'autre pour créer des ponts

Face à la richesse du sujet, Marie a ensuite décidé de créer son entreprise, Connecting World, avec comme mission de faire le lien entre les personnes des différentes cultures. Ses contrats l'emmènent alors dans le 93 et plus particulièrement à Clichy-sous-Bois, Bondy et Montfermeil, quatre ans après les émeutes de 2005. Rien à voir avec les croisières musicales de musique classique qu'elle animait quelques temps auparavant. Retour au problème franco-français de l'interculturel. Elle accompagne les travailleurs sociaux dans leur soutien aux personnes issues de l'immigration. Des notions aussi fondamentales que celle du temps nécessitent un examen : temps linéaire pour nous occidentaux, qui suppose un avant et un après, temps cyclique dans les populations du sud, pour lesquelles le lien interpersonnel compte plus que l'heure du rendez-vous fixé.

Apporter une analyse des données culturelles in-conscientes qui créent des comportements déroutants pour les personnes issues d'une autre culture suppose de conscientiser aussi ses propres repères culturels et pour Marie, ceux de la vie en France. Elle accomplit donc un travail aussi bien pour décrire nos repères culturels en tant que société, que les siens comme personne. Elle utilise pour cela la méthode MBTI, puis une formation sur l'Ennéagramme, une méthode d'analyse de la personnalité qui nous classe en neuf grands types de profils. Une façon de d'assumer pleinement ses traits de caractère : la fascination pour les différences et le refus des a priori et des préjugés.

Avec tout ce travail sur soi, Marie approfondit sa distinc-tion entre les facteurs culturels qui viennent de la société dans laquelle nous vivons, nourrie de nos racines anthropologiques et historiques et ceux qui sont issus du caractère de chaque individu. Le « connais-toi toi-même » est ainsi à l'origine d'une recherche qui n'a pas de fin, mais dont chaque jalon enrichit la vision d'ensemble et permet d'affiner l'interaction avec l'autre, y compris celui issu d'une autre culture.

L'interculturalité à la française

Dans son travail en Seine-Saint-Denis, Marie a été confrontée aux impasses dans laquelle la France s'est enfer-mée à partir de la fin des années 1970 : ne gérer l'immigration liée au regroupement familial qu'avec du social et de l'admi-nistratif conduit à une impasse faute de tenir compte des don-nées culturelles. Les ensembles de logements sociaux ont lais-sé croître le communautarisme d'autant moins positif que les personnes n'ont été conduites ni à réfléchir sur leurs propres codes culturels, ni à appréhender ceux qui régissent le vivre ensemble en France. D'où une endogamie sociale et culturelle, privant les personnes de toute clé de compréhension de leur environnement.

S'agissant de personnes issues de cultures commu-nautaires, la vie dans un pays fortement individualiste ne va pas de soi. L'apport de l'école aux enfants pour comprendre la façon dont la société attend qu'ils se comportent est rapidement dilué dans les habitudes héritées de la famille et de ses modes de fonctionnement.

D'autant plus que la France ne porte pas de discours sur sa culture en tant que pays. Le thème de l'identité française est piégé depuis les années 1980, revendiqué par un parti catalogué à l'extrême droite. On arrive à cette situation où les nouveaux venus en France n'entendent, au mieux, que parler des « valeurs de la République » ce qui ne fondent pas l'originalité du pays, puisqu'après tout, la république est le régime politique d'un grand nombre de pays, y compris de leurs pays d'origine en général.

Consciente de sa culture française et curieuse des autres cultures, Marie agit donc avec la volonté profonde de permettre à chacun de mieux vivre le rapport interculturel, comme échange et non comme confrontation. La grande diversité de cultures qui coexistent en France nécessite la reconnaissance de soi-même et de l'autre pour favoriser aussi bien la paix sociale que l'épanouissement individuel. Pour arriver à un « nous », il faut positionner le « je » et le « tu », être conscient de ce qu'ils signifient.

Une problématique qui concerne aussi les entreprises

Cette problématique concerne aussi les entreprises, dans les rapports des salariés entre eux, aussi bien au niveau des cadres expatriés que de l'ensemble. En effet, la communication en France, dans sa dimension culturelle est implicite, alors que chez un expatrié de culture américaine ou australienne, elle est explicite. De quoi compliquer bien des situations simples, si chacun ne prend pas d'abord conscience de cette différence culturelle.

Pour accompagner les entreprises, Marie ne travaille pas sur le folklore, la culture générale, l'art ou l'histoire, qui sont du domaine de l'école. Son travail se fait sur les codes in-

conscients de la culture qui déterminent les 97% de l'être qui nous restent invisibles dans une relation interindividuelle classique : la gestion de l'espace et du temps ou le rapport à l'autorité par exemple.

Quand une équipe compte plusieurs nationalités, le manager peut trouver un appui fort dans la méthode développée par Marie, qui repose sur trois phases. La première consiste à conscientiser les codes culturels de chacun ; la seconde à mettre à jour les discriminations invisibles, les préjugés et les stéréotypes, c'est alors que les têtes à têtes entre la consultante les salariés permettent de révéler les points d'achoppement ; et la troisième phase consiste dans des études de cas qui permettent à chacun de témoigner de chocs culturels vécus, puis d'adapter son comportement aux réactions des autres membres de l'équipe, manager comme salariés.

Citoyen du monde

Cette méthode n'est pas issue du hasard, mais des discussions entre Marie et Patrick. On pourrait dire que l'interculturel a choisi Patrick : né d'une mère américaine et d'un père allemand, il est arrivé en France à trois ans. Il ne se connaît pas de langue maternelle. Assez rapidement, il a compris que la nationalité de ses parents lui donnait des habitudes et une éducation différente de celles de ses camarades de classe. Cela aiguise son œil critique : pouvant les comparer, il trouve les habitudes familiales tantôt excellentes, tantôt nulles. Il se rêve d'abord journaliste. Ses études d'histoire, avec une spécialisation sur l'Amérique Latine, l'emmènent à Madrid, l'espagnol devient sa quatrième langue. Avec l'anthropologie et la sociologie, il commence à formaliser la diversité culturelle.

Il part ensuite pour New-York et travaille dans l'aumônerie du lycée français. Les expatriés y sont un reflet de sa propre expérience en France. Patrick décroche ensuite un poste de journaliste dans une agence de presse basée à Lima, au Pérou. Il devient rédacteur en chef et couvre toute l'Amérique du

Sud. Déjà, le Pérou constitue une entité culturelle très différente des contextes dans lesquels Patrick a évolué. C'est sa première vraie expérience d'adaptation en tant qu'adulte. S'intégrer dans la société est plus difficile, les codes sont vraiment différents. La même expérience se répète au Brésil, et pas seulement pour une question de langue. Après deux ans d'immersion totale, Patrick rentre à Paris.

Il recherche sa voie professionnelle. Il se rapproche d'une association spécialisée dans l'interculturel, SIETAR. Il suit des réunions de formation qui lui permettent de formaliser les fruits de sa curiosté dans le domaine. A la fin des années 2000, le secteur a alors une trentaine d'années, il est encore dominé par la première génération d'acteurs de l'interculturel. C'est là que Patrick acquiert les bases académiques de son travail. Il passe aussi un master en administration des entreprises. Une expérience en ressources humaines chez un opérateur de téléphonie lui démontre que la grande entreprise, ce n'est pas pour lui.

Une nouvelle réalité

En 2012, il décide donc de se lancer à son compte et de valoriser l'originalité de son profil. Il travaille pour quelques grosses entreprises. Les pionniers de l'interculturel ont commencé à prendre leurs retraites et Patrick est l'un des représentants de la seconde génération. Le secteur a besoin de se renouveler : la dimension internationale n'est plus le couronnement d'une carrière, mais vécue souvent dès le début des études. Cette nouvelle réalité a besoin d'être formalisée. Les entreprises aspirent à cette dimension internationale, mais ne sont pas à l'aise pour la mettre en œuvre.

Il existe des angles morts : l'interculturalité est pensée en termes de sièges sociaux à l'étranger et d'expatriés, mais la réalité concerne aussi l'ensemble des structures qui emploient des personnes venues d'horizons divers, dont certaines issues de l'immigration récente.

Patrick fait alors la même analyse que Marie quand ils se rencontrent : l'interculturel n'est pas l'exception, mais la règle dans notre société mondialisée. Ils ont la même philosophie pour l'aborder : le respect des différences ne doit ni conduire à les exalter ni à les nier. Le vivre ensemble et l'efficacité professionnelle ne peuvent reposer sur un angélisme béat. Ce qui est nécessaire pour arriver à bien fonctionner, c'est d'apprendre les fondements de la culture de l'autre qui impactent son comportement quotidien, son discours et sa façon de travailler.

S'appuyant sur leur convergence philosophique, Marie et Patrick sont persuadés qu'ils mèneront mieux leur aventure entrepreneuriale à deux que chacun de son côté. L'objectif étant non seulement de renforcer l'expertise de chacun en s'appuyant sur l'expérience de l'autre, mais aussi de développer leur clientèle en brisant la solitude de l'entrepreneur qui pesait sur Marie lors des années précédentes.

Une offre modulable qui s'internationalise

Ensemble, ils déploient au profit des institutions et des entreprises, une offre de service qui va de l'action « pompier » quand une équipe connaît des frictions, à une véritable anticipation des enjeux de l'interculturel. Le module de base, sur un ou deux jours, permet aux équipes commerciales ou marketing d'une entreprise d'appréhender les indicateurs culturels nécessaires à maîtriser pour se déployer à l'international : le rapport au temps, à l'espace, à la communication et à la hiérarchie. Pour préparer les expatriés à leur immersion dans une autre culture, les deux associés leur présentent toutes les étapes qu'ils vont connaître dans leur parcours d'intégration dans un autre pays, afin que chacune soit mieux vécue.

Intercultural Hub est intervenu auprès d'un manager indien d'Arcelor Mittal, qui dans un poste au Luxembourg, devait piloter une équipe de Français et de Belges. Relecture de l'expérience, des incidents et explication du contexte lui ont permis d'apprendre à jouer avec les différences culturelles pour en faire une force. Chez GDF-Suez, c'est l'intégration en une seule

93

équipe de deux entités, l'une composée de Français, l'autre d'Anglo-saxons, qui a donné lieu à un travail intéressant sur les caractéristiques et les forces de chacun.

Patrick et Marie sont conscients que même les entre-prises qui réfléchissent à l'interculturel n'en sont généralement qu'au début de leur outillage. Ainsi d'une entreprise pharma-ceutique allemande qui leur a montré la réflexion qu'elle a mené et l'enquête réalisée en interne. Manque encore la création d'un véritable programme, avec des thématiques, la mise à jour de l'identité culturelle, puis la mise en place d'une politique spéci-fique avec des actions puis des indicateurs de réalisation et une communication appropriée.

Faire des différences une force et une richesse

Les deux associés ont ainsi développé une méthode avec des items et des grilles de questionnaires. Ceux-ci per-mettent à leurs clients de se pencher de façon réfléchie sur les codes culturels et de les conscientiser lors de la première phase de l'accompagnement. Chaque personne se trouve ainsi valo-risée dans son unicité et entame une réflexion sur sa propre histoire et sur sa personne.

Ce qui frappe Marie, c'est que la méthode qu'elle met en place recoupe les problématiques des politiques publiques françaises envers les populations immigrées : entre l'assimi-lation qui nie la culture originale de l'immigré et le multicultu-ralisme qui oublie la culture du pays d'accueil, l'intégration est une voie médiane qui valorise le respect de l'autre tout en lui présentant le cadre dans lequel fonctionne le pays d'accueil. Cette voie médiane, rappelée par tous les textes de lois, à dé-faut d'être toujours bien comprise, peut selon elle apporter un véritable cadre au vivre ensemble et donner tout son sens à la phrase d'Antoine de Saint-Exupéry qu'elle aime à répéter : « si tu diffères de moi, loin de me léser, tu m'enrichis. »

A condition de ne pas cacher les différences sous le ta-pis, comme le rappelle Patrick. A moitié américain, il est effaré

par les excès de langage de son pays qui oscille entre la liberté absolue de parole, garantie par le premier amendement de la constitution et le politiquement correct qui a envahi campus, médias et entreprise. En France, c'est le rapport aux cultures des anciens pays colonisés qui crée la difficulté : personne n'ose se lancer dans des descriptions culturelles, ni expliquer les différences d'habitude, de peur de se faire taxer de néocolonialiste.

Et d'après Intercultural hub, d'autres difficultés nous attendent : avec la place croissante prise par la Chine et l'Inde à la fois dans la population mondiale, mais surtout dans l'économie, de nouveaux chocs culturels sont à prévoir si les entreprises ne l'anticipent pas. Et pas seulement pour les entreprises européennes qui voudront faire des affaires en Asie, mais aussi pour les entreprises chinoises et indiennes qui s'implantent en Europe et en France en particulier. L'interculturel n'est donc pas une mode passagère, mais bien une donnée de plus en plus massive de notre société et de notre économie. Comme pour toutes les données, ce sont ceux, entreprises et particuliers qui apprendront le mieux à l'appréhender qui pourront tourner cette dimension en une force et non la subir.

C'est le pari d'Intercultural Hub. Pour Patrick, c'est une évidence depuis son enfance : « *la différence chez l'autre, comme dans un couple, c'est ce qui attire, mais c'est aussi ce que l'on peut finir par détester à la longue. Il faut donc apprendre à l'aborder.* » Ce n'est pas dans le silence que les problèmes peuvent se régler, mais dans la prise de conscience et l'échange. Cette approche oblige chacun à prendre conscience de sa propre culture et des comportements qu'elle implique : « *mieux être pour mieux être ensemble* » me souffle Marie dans un sourire plein de conviction lucide et bienveillante.

Créateur de patrimoine

Franck Vansoen

Epargner, investir, oui. Mais pourquoi ? c'est la première question que Franck Vansoen pose à ses futurs clients. Parce qu'il ne peut y avoir de bonne stratégie sans déterminer un objectif, Franck fait comprendre à ses interlocuteurs que leur effort financier ne doit être réalisé que pour servir un objectif de vie qui leur tient personnellement à cœur et pas pour suivre une sagesse conformiste : l'argent est une énergie qui peut libérer.

L'enfance de Franck Vansoen a gravé en lui deux principes : le bonheur est dans le rapport aux êtres, l'argent est un levier que l'aveuglement général fait prendre pour une fin. Il grandit dans un village de cent vingt habitants. L'argent n'est dès lors pour lui qu'un moyen de s'ouvrir de nouveaux horizons. Si sa famille est modeste, elle pratique l'allocation des ressources : sa mère met de l'argent dans des enveloppes pour chacun des achats nécessaires prévus à l'avance.

Cependant, les revenus ne permettent pas de partir en vacances n'importe où. Cela donne le temps à Franck de se plonger très tôt dans la lecture. Un jour que son père lui a dit qu'il allait falloir changer la voiture, Franck, encore enfant, en repère une très belle sur le parking. Son père lui répond : « *ce n'est pas pour nous* », une phrase qu'il entendra plus tard souvent quand il parle à ses interlocuteurs de création de patrimoine. En attendant, le propriétaire de la belle voiture invite l'enfant à monter dedans. D'une certaine façon, il lui fait ainsi prendre conscience que cette voiture peut aussi être pour lui... ou le devenir.

Un serial investisseur

Dès vingt ans, alors qu'il est étudiant, l'envie de grandir, de se constituer un patrimoine, pousse Franck à investir. Il part faire le tour des banques. Il a fait ses calculs pour acheter un bien immobilier. Il est de bonne foi, mais en profane, il a oublié quelques charges : Franck ne sait pas encore tous les coûts qui grèvent la rentabilité de cet investissement. La leçon n'est pas perdue, même s'il faut rencontrer de nombreuses banques avant que l'une d'entre elles accepte de faire de lui un investisseur.

Côté travail, le voilà qui intègre comme commercial un laboratoire pharmaceutique. C'est la bonne période, les revenus sont intéressants. Franck en profite pour continuer à investir. Il revient voir son banquier pour l'achat d'un second bien immobilier. Quand celui-ci lui dit qu'ils vont encore faire un rendez-vous de quatre heures Franck lui répond qu'il suffit qu'il se décide plus vite. Franck cumule alors les investissements, au point d'arriver à un taux d'endettement peu recommandé de 73%. Il commence à se rendre compte que ses premiers interlocuteurs bancaires ne sont pas toujours des experts en matière d'investissements. Ce sont souvent des commerciaux qui vendent des produits. Quand il arrive à l'échelon au-dessus et commence à se former, il comprend que son démarrage de patrimoine n'est pas plus solide qu'un château de carte. Franck apprend donc à optimiser et à se doter d'une stratégie. Il fait cela en amateur, d'abord pour lui, puis conseille des amis.

La maîtrise de l'effet de levier et le passage au niveau pro

Finalement, il commence à se lasser de son travail. Ayant rapidement atteint le niveau de rémunération maximale dans son poste, il doit continuellement s'aligner sur des objectifs plus élevés sans gagner davantage. Au moment même où il commence à maîtriser la méthode pour accroître réellement les revenus de son patrimoine. Tout cela est finalement frustrant. Comme de se dire qu'il lui faudra attendre cinq ans pour gravir

l'échelon suivant dans son métier.

Bien conscient que son travail alimente le circuit économique et donc la vie matérielle d'autres personnes, il se dit qu'il peut faire mieux : en utilisant l'effet de levier, l'argent fait grossir les patrimoines et les objectifs sont plus rapidement atteints, avec moins d'effort. Franck qui aide déjà des amis à atteindre plus rapidement leurs objectifs de vie, y compris celui d'être libre de choisir de continuer ou pas à travailler, se voit bien en faire une activité professionnelle. Il se forme donc pour devenir gestionnaire de patrimoine et obtient toutes les accréditations. Deux possibilités s'ouvrent alors à lui : rejoindre un cabinet ou travailler en indépendant. Il pense que la seule façon de ne pas avoir à placer des produits réside dans l'indépendance. Le voilà donc qui ouvre son cabinet.

Il est d'autant plus à l'aise pour expliquer à ses clients que l'argent n'est qu'un moyen qu'il a fait des petits boulots pour s'acheter une moto, puis faire de la chute libre. Travail et épargne lui ont ensuite permis de poursuivre ses nombreuses passions. De ses amis, qui finissent par lui confier son épargne, Franck passe à ses premiers clients. Tout se joue sur le bouche à oreille et la rencontre.

Un conseiller bienveillant et réaliste

Franck est un passionné de développement personnel. Il écoute ses interlocuteurs, avec une grande bienveillance naturelle. Assez pour leur permettre de révéler leurs objectifs de vie. Le conseiller cherche à savoir si l'objectif est de gagner du temps sur le temps, d'accélérer la constitution de patrimoine pour obtenir sa liberté ou d'acheter un bien qui leur tient à cœur. Pour cela, il prend son temps. Et programme trois rendez-vous avec chaque client. Le premier, qui peut facilement durer deux heures, lui permet de comprendre qui est vraiment le client, ce qu'il rêve de faire. Il faut pour cela lui faire révéler ses véritables aspirations de vie. Le premier réflexe d'un client est de parler d'argent. D'exprimer son besoin en argent. Or Franck lui rappelle que l'argent n'est qu'un moyen au service de ses besoins et de ses envies.

Il pousse ainsi son interlocuteur à se projeter dans l'avenir : que voulez-vous avoir atteint ou réalisé dans dix ans, vingt ans, trente ans ? à quel âge voulez-vous avoir le choix de vous arrêter de travailler, sans attendre que les caisses de retraite vous disent c'est votre tour ? Franck souhaite leur faire réaliser que l'argent est une énergie qui va leur permettre d'atteindre leur but, pas un fluide qui s'échappe sans fin comme le sable dans la main ou les minutes sur la montre.

Parfois, un client lui dit : « *je voudrais avoir un million d'euros sur mon compte.* » Franck lui fait alors remarquer que selon ses rêves, un million ne suffira peut-être pas, ou alors que pour constituer ce capital, il va devoir travailler au-delà de son envie. Recentrer les personnes sur leurs objectifs et surtout sur des objectifs personnels et non pas ceux instillés par toute sorte de message sociaux et publicitaires peut être long. Les effets peuvent être forts. Certains s'effondrent en larmes : la perspective de réaliser leur rêve caché ou de mettre fin aux contraintes illusoires jusqu'ici imposées les sature d'émotion.

Lors du deuxième rendez-vous, Franck présente de façon théorique la stratégie qu'il propose. C'est le moment de rappeler qu'il n'y a pas de bons placements en soi. Que non seulement on peut facilement faire deux fois mieux que les produits proposés sur catalogue par les banques, mais que le taux d'intérêt n'est pas un objectif en soi. Tout comme le fait de ne plus payer d'impôts. Ce qui est pourtant l'une des demandes les plus fréquentes. Effacer les impôts, c'est possible, mais ce n'est pas toujours ce qu'il y a de plus pertinent en fonction de l'objectif final. La stratégie consiste à mettre en place le bon effet de levier, en fonction de chaque situation, pour atteindre l'objectif final. Franck présente donc aussi les chemins que va prendre cette stratégie, les marches qui vont être empruntées pour atteindre le but.

Le troisième rendez-vous est plus technique, il consiste à mettre en œuvre les démarches de placements pour que

l'épargne du client atteigne la première marche prévue. On entre alors dans la matière, le choix des banques, des produits. S'il s'agit d'immobilier, Franck entre dans les détails, comme l'emplacement. C'est aussi le moment de montrer les coulisses et d'expliquer comment il se rémunère. De quoi démontrer son indépendance vis-à-vis des banques et armer aussi ses clients de la compréhension du système. Que de nouvelles actions soient prévues ou pas, Franck revoit ensuite ses clients au moins une fois par an, pour faire un point sur la situation, mais aussi pour vérifier ensemble que les objectifs sont toujours les mêmes et la stratégie adaptée.

Traitant ainsi ses prospects et ses clients avec la même générosité qu'il agit avec ses amis, Franck se retrouve rapidement dans une situation humaine confortable dès la création de son cabinet. Il ne fait pas de la vente, il accompagne des personnes vers l'atteinte de leurs objectifs. Première limite, cette méthode est chronophage. Deuxième limite, s'appuyant uniquement sur le bouche à oreille, la signature de nouveaux clients n'est pas très rapide au début. La première année d'activité voit donc Franck consommer une partie de son épargne pour lancer son entreprise. Ce qui compte tenu de son endettement immobilier est plutôt stressant.

Le virage parisien

L'activité décolle néanmoins et Franck retrouve les revenus correspondant à sa façon de vivre. Il a lui-même fait l'exercice qu'il recommande à ses clients : il s'est projeté sur son avenir, en imaginant ce qu'il souhaite réaliser à dix ans, vingt ans, trente ans. Avec cette vision, le jour où il aura des enfants, il ne veut pas d'un côté leur dire que tout est possible et de l'autre n'avoir les moyens de rien. Après quatre ans d'activité, Franck vit confortablement dans une maison grande et confortable, les objectifs prévus sont atteints. L'envie de vivre à Paris le démange. Il quitte donc Bar le Duc avec l'intention de se créer une nouvelle clientèle.

Là, il repart de zéro. Qu'est-ce que j'aime faire ? Avec qui j'aime travailler ? En parlant de son métier aux personnes qu'il rencontre dans ses loisirs et sa vie quotidienne, Franck suscite d'abord la curiosité, puis l'intérêt et accompagne ses premiers investisseurs. Dans son esprit, la vie nous apporte les bonnes rencontres, pourvue que l'on y soit disposé. Il a développé cette vision grâce à ses lectures sur le développement personnel. Il partage l'avis d'Eric Boiron selon lequel cette discipline devrait être obligatoire.

Des conférences pour mieux vivre le rapport à l'argent

De son côté, en plus de ses lectures, il s'est formé à programmation neurolinguistique (PNL) auprès de Paul Pyronnet. L'objectif de Franck n'est pas devenir coach, mais de mieux se comprendre ainsi que son entourage, et ses clients pour leur apporter un meilleur service. En découvrant le travail de Franck et sa personnalité, Paul Pyronnet l'a invité à faire des conférences, pour expliquer aux personnes leur rapport à l'argent et leur permettre de nouer une relation saine à celui-ci et de dénouer leurs angoisses.

Tout est très vite biaisé dans le rapport à l'argent : chacun aimerait en avoir plus et pourtant la plupart des gens sont hostiles envers ceux qui en ont, avec le soupçon que ces personnes en ont forcément manipulé d'autres. Nombreux sont ceux qui passent des mois à préparer des vacances de deux semaines et négligent de prévoir leur situation dans dix ans ou d'améliorer leur situation quotidienne par des revenus complémentaires. Certains pensent que leurs rêves sont tellement inatteignables avec leurs revenus que quand on leur demande quels sont leurs rêves ou leurs objectifs, ils n'en ont plus. D'autres, à l'opposé, se focalisent sur le chemin, quel que soit l'investissement, négligeant de déterminer une destination, c'est-à-dire à quoi va leur servir leurs rentes. Généralement, ces mêmes personnes oublient d'évaluer le niveau net de ces dernières, après charges et impôts.

Ce sont tous ces éléments que Franck met en perspective lors de ses conférences, ainsi que la logique de l'effet de levier. C'est ainsi qu'il fait passer des caps à ses auditeurs, qui repartent avec une autre vision, soulagés et pour certains, décidés à rêver à nouveau et à utiliser l'argent pour réaliser leurs rêves et non plus subir les contraintes de l'argent. Après tout, l'argent n'est qu'une forme d'énergie qui amplifie l'expression de la personnalité. Une personne qui n'est pas sûre d'elle va utiliser l'argent pour afficher sa réussite, se rassurer en impressionnant les autres. Une personne à l'aise avec elle-même va utiliser l'argent pour faire encore plus ce qu'elle aime quelle que soit sa passion ou ce qui la motive dans la vie, du soutien à une association à la collection d'œuvres d'art.

Une offre à la portée de tous

Le bouche à oreilles faisant son œuvre, Franck se retrouve à donner des conférences sur l'argent non seulement à des particuliers, mais aussi dans des entreprises, comme l'Oréal. En finir avec la course à l'échalotte ne rend pas moins motivé ni moins productif, seulement lucide et aligné sur ses véritables objectifs et les moyens d'y parvenir.

Un grand investisseur new-yorkais, avec lequel Franck a beaucoup discuté, lui a dit un jour : « *il y aura toujours quelqu'un de plus riche que moi, et alors ! je ne peux conduire qu'une voiture à la fois.* » Franck n'oublie pas non plus cet Allemand qui s'était suicidé parce qu'il n'était plus en tête du classement des revenus dans son pays, prouvant qu'il ne se sentait exister que grâce à cela.

Loin de ces niveaux de fortune, les clients de Franck vont des vedettes du cinéma et de la télévision aux jeunes débutants dans la vie active, de 1 000 à 100 000 euros de revenus mensuels. De la mère de 92 ans de l'un de ses clients, à son petit frère. L'objectif est de libérer chacun d'eux. De faire que l'argent travaille pour eux et non l'inverse. Franck voit déjà la transformation opérée par son petit frère. Ebéniste débutant, celui-ci gagne 1 500 euros par mois. A son niveau, le courtier était inutile, c'est donc Franck qui l'a accompagné chez le banquier, s'est levé, a pris le paperboard et expliqué la stratégie pour obtenir le financement. D'un coup, le petit frère se trouvait à niveau, avant de se glisser dans la peau d'un investisseur et non plus d'un client de la banque.

On ne naît pas entrepreneur : on le devient

De son côté, Franck reconnaît qu'il n'est pas né entrepreneur, mais qu'il l'est devenu. Il lui a fallu un an après avoir quitté son emploi salarié pour véritablement prendre la posture de l'entrepreneur. Pourtant déjà assez autonome dans son précédent travail, il n'a pas aussitôt réalisé la liberté que lui apportait son indépendance. D'un côté, il a rêvé qu'il pourrait ainsi consacrer une semaine complète à l'une de ses passions, ce qu'il n'a finalement jamais organisé en dix ans, de l'autre, il n'osait pas au début vraiment organiser ses journées comme il l'entendait. L'usage du milieu veut que le conseiller se déplace chez les clients. Avec les horaires de ces derniers, Franck se retrouvait souvent à aller en début de soirée à l'extérieur de Paris et à rentrer tard. Maintenant, il leur propose le confort et la discrétion du bar d'un grand hôtel parisien. Ses clients se détendent après le travail dans cet environnement, l'échange est tout aussi productif.

La liberté de l'entrepreneur pour Franck, c'est aussi celle de devenir véritablement adulte : « *rien n'est la faute des autres, je suis responsable de tout ce que je vis* ». Réciproquement, chacun n'a pour limite que les projets qu'il se fixe. C'est aussi ne pas subir le regard de ceux qui pensent : « *il va se planter* ». Franck a réalisé les rêves qu'il s'était donnés à accomplir au début de sa réflexion sur la création de son cabinet, mais il lui en reste, échelonnés sur son chemin, demain, dans dix ans, dans vingt ans, dans trente ans et il compte bien sur le développement de son activité et l'effet levier de l'argent pour les accomplir.

Partager le rêve

Toujours par souci de sa liberté et de sa qualité de vie, Franck a réalisé que la solution qui consiste à développer un cabinet avec des salariés n'est pas adaptée pour lui. L'expérience de l'un de ses confrères qu'il respecte montre la différence entre leurs deux personnalités. Franck ne souhaite pas passer son temps à gérer de l'administratif, des locaux, des recrutements, des salaires. A la place, il forme aujourd'hui trois personnes à son métier pour qu'elles deviennent indépendantes, tout en formant un réseau avec lui. Parmi elles, l'un de ses amis. A quarante ans et malgré une première partie de carrière bien remplie, ce dernier a vécu un moment d'émotion intense quand il a réalisé qu'il permettait (à son tour) à son premier client de se donner les moyens financiers de réaliser son rêve.

C'est aussi pour ce partage et ces émotions que Franck a choisi d'être entrepreneur. Sa vie comme celle de quelques clients démontre qu'il n'y a pas de plafond de verre, contrairement à quand il était salarié, multiplier les revenus par dix ou même par cent est possible, tout est question de rencontre. En attendant, avec des revenus confortables et toujours croissants, Franck voit l'effet de son action sur les autres : ses parents qui se sont sentis autorisés à voyager à force de voir leur fils prendre des avions, son petit frère qui non seulement épargne et investit, mais commence à lancer une activité indépendante en plus de son travail, et ses clients qui, au fil des ans, s'offrent la vie matérielle dont ils rêvaient avant de le rencontrer.

Entrepreneur dans l'âme

Les Ateliers du textile

Laurent Chichery a quelque chose du combattant, celui qui perd parfois, mais qui se relève. Physique sec, tête d'ancien militaire, regard décidé, sourire qui invite à la bonne humeur voire à la plaisanterie, sa nature le porte à croquer la vie, jusqu'à l'excès dans sa jeunesse. Après avoir alterné réussites et déboires, le voilà assagi mais toujours entreprenant, à la tête des Ateliers du textile et prêt à en faire une franchise de dimension nationale.

A l'aventure

Ayant grandi en Inde où travaillaient alors ses parents, Laurent arrive en France à l'adolescence sans maîtriser le français scolaire, mais avec un goût prononcé pour le sport et une forte envie de commerce international. A dix-huit ans, le sport et le goût de l'aventure l'emporte sur le reste. Il s'engage donc dans l'armée avec l'objectif de devenir nageur de combat. Il signe un contrat de cinq ans et se régale d'action. Ses yeux brillent encore quand il évoque les technologies auxquelles ce statut militaire donne accès et les « outils » utilisés. Des souvenirs plus sombres affleurent aussi en repensant au Liban et à la mission qu'il y a effectué en soutien des troupes, après l'attentat du poste du Drakkar en octobre 1983 qui a coûté la vie à 58 parachutistes français.

Fin du contrat, retour à la maison et toujours l'envie de travailler à l'international et de voyager. Pour faire sérieux, Laurent se lance dans des études de droit. Mais comme Laurent aime beaucoup faire la fête et que ses missions militaires à l'étranger ont rempli son portefeuille, c'est la belle vie, loin des amphis. Echec aux examens et recadrage par les parents conduisent à l'inscription en IUT. Cette fois Laurent obtient ses diplômes.

Il enchaîne avec différents jobs de vendeur : objets publicitaires, voitures, industrie automobile. Partout, son caractère fait de détermination mais aussi d'écoute et de contact facile donne de bons résultats. Il trouve un emploi chez un sous-traitant de Renault qui produit des pièces en caoutchouc. Son poste de technico-commercial l'emmène un peu partout en France, Espagne, Italie et Portugal. Au passage, il confirme son aisance pour l'apprentissage des langues et son goût du voyage.

Première création d'entreprise

Premier choc, le décès prématuré de sa mère. Laurent apprend un peu jeune que l'on a qu'une vie, qui file plus vite qu'on ne le croit. Il quitte son travail et utilise les fonds de son héritage pour créer une entreprise, Europe-laminage. Le procédé consiste à coller des photos sur des supports en bois. L'un des avantages est l'absence de reflets. Dès lors, le produit peut être utilisé aussi bien sous des éclairages artificiels tels qu'en devanture de magasin, même face au soleil.

Le marché réagit bien et Europe-laminage travaille avec de grandes enseignes, comme la FNAC, dans laquelle les clients font développer leurs photos sur papier. Europe-laminage récupère pour eux les épreuves et les fixe sur le bois. De nombreux clients professionnels font aussi appel à l'entreprise, dont des entreprises du secteur du luxe comme Chaumet et Dior. Le plus grand défi : un panneau 4x3 mètres pour l'événement d'un client au stade de Bercy qui s'appelle encore le POPB. Seule solution pour réaliser la commande : créer un puzzle constitué de pièces de 50x50 cm, puis l'assembler sur place.

Les applications sont variées : les tours opérateurs utilisent les panneaux pour agrémenter les vitrines des agences de voyage et les certifications techniques du produit permettent

de l'utiliser pour la signalétique dans les usines. En effet, le panneau n'absorbe pas l'eau et peut subir des projections sans dommage.

Comme Laurent est encore très jeune et qu'il a la bougeotte, il revend l'entreprise à un chef d'atelier ; celle-ci prospère jusqu'à aujourd'hui, en ayant fait évoluer ses produits pour lui permettre de fournir les musées en encadrements.

Passage par la pose de cuisines

On ne peut pas dire que Laurent s'est fait un plan de carrière. Il est plutôt du genre à saisir des opportunités, sans avoir trop peur de l'engagement qu'il faut consentir. Peut-être même, en recherchant cet engagement. Ainsi, un jour l'un de ses amis lui dit que son père, menuisier a repéré un marché en pleine expansion : celui de l'installation des cuisines achetées dans les grandes enseignes. C'est alors le début des Alinéas et autres Ikéas. Ces derniers n'ont pas encore de service de montage. Le client repart à la maison avec sa cuisine à monter et à installer. Rien à voir avec le métier de Laurent, mais pourquoi pas.

Les deux amis rédigent pendant le weekend un fax publicitaire au nom de la Société de Pause Française (SPF), sans avoir créé de société -leçon à méditer pour les futurs entrepreneurs. Ils envoient le fax à toutes les entreprises de cuisine du 78 et partent faire la fête. Le lundi matin, ils ont six rendez-vous. Il faut vite créer la société, embaucher le père menuisier, prendre les commandes, faire les devis et... se retrousser les manches.

Car le succès est tel que S.P.F. obtient rapidement des contrats avec des marques de cuisines. Laurent et son ami se forment donc à la pose de cuisine. Six mois plus tard, ils embauchent un commercial et deux menuisiers. Car il ne suffit pas de poser les cuisines, il faut souvent redécouper les meubles, ne serait-ce que pour faire passer les tuyaux, ou tenir compte de l'espace disponible dans la cuisine. Laurent a l'élégance de ne pas vouloir révéler aujourd'hui le nom des marques dont les meubles étaient quasi inadaptables.

Mais l'offre génère une nouvelle demande : il faut souvent renouveler la plomberie de la pièce avant d'installer la nouvelle cuisine, ou ajouter des prises. S.P.F. engage alors un plombier et un électricien. Un autre challenge consiste à répondre à la montée en gamme. Car déjà certaines cuisines coutent plus de 10 fois plus cher que celles d'entrée de gamme. Les meubles ne sont pas les mêmes, les lieux non plus, encore moins les clients. Il faut donc continuer à embaucher. S.P.F. compte jusqu'à 45 salariés.

De Charybde en Scylla

C'est ici que l'histoire se complique. D'un côté, Laurent et son associé, qui n'ont pas vingt-cinq ans, brassent pas mal d'argent, prennent un peu la grosse tête, s'achètent de grosses voitures et deviennent insupportables pour leurs copains. De l'autre, la croissance en personnel d'une entreprise, avec les problématiques de la qualité du recrutement qu'il faut gérer.

Les chantiers commencent à trainer, certains ne finissent jamais. Des salariés commencent à boire en pleine journée de travail et le chef d'équipe est rapidement dépassé. Sa pratique du management à l'ancienne façon « *tu fermes ta g... et tu bosses* » n'améliore pas la situation. Les deux jeunes associés ont beau s'être formés et avoir au début posé eux-mêmes des cuisines, ils ne sont pas artisans pour autant et tout part de travers.

Arrive le jour du choix : payer les salaires ou payer l'URS-SAF et la TVA. « *On était cons* », les deux associés choisissent de payer les salaires en se disant qu'ils vont s'en sortir, que ce n'est qu'un mauvais moment. Les voilà devant le tribunal de commerce avec un million d'euros de dettes cumulés entre l'URSSAF et la TVA. « *Là, on est cons jusqu'au bout* » concède Laurent : « *on récupère les meilleurs éléments, on recrée une entreprise. On est tellement dans notre délire, mi Bernard Tapie, mi la Vérité si je mens, qu'on se prend de superbes bureaux de 150 m^2 pour deux près de l'Etoile.* » Les salariés montrent leurs

fiches de paye aux hommes de lois, la confusion entre les deux sociétés est établie et Laurent et son associé se retrouvent pour la deuxième fois devant le Tribunal de Commerce. Cette fois, ils prennent vraiment cher : l'associé de Laurent est interdit de gérance pendant cinq ans et Laurent qui n'a pas droit au chômage, se reloge dans un 20m².

Le monde des affaires

Il rebondit en prenant un job chez CopyTop. Pas naïf, le patron de l'entreprise lui dit : « *Chichery, je vous remets le pied à l'étrier, mais je connais votre caractère, dès que vous allez pouvoir, vous recréerez une entreprise.* » Pour l'instant, Laurent ne fait pas le malin, il se contente de devenir le meilleur. Il devient responsable d'un magasin, responsable de formation puis directeur des ventes. Au bout de six ans, il touche le plafond de verre : CopyTop est une entreprise familiale ; Laurent ne fait pas partie de la famille. Il ne peut ni imposer ses idées, ni continuer à progresser dans la hiérarchie.

Ayant refait son épargne, il négocie le rachat d'une entreprise. Le voilà parti pour une autre leçon : les négociations sont faites, l'achat est prévu pour le mois de septembre. Le vendeur, qui possède un restaurant dans le sud, souhaite partir faire la saison. Il confie donc la société à Laurent pour le mois d'août. Comme Laurent connaît le métier, qu'il a appris chez Copytop, il commence à repérer des choses étranges, puis des salariés se confient. Cette entreprise est une coquille vite, couplée à un autre. Pour le dire simplement, Laurent s'apprête à racheter un centre de coût, qui assume les charges, pendant que le vendeur conservera l'autre entreprise, centre de profits.

Après un rapide échange avec son avocat, Laurent revient sur sa promesse d'achat. Quelques mois plus tard, la société, en liquidation, lui est proposée pour un euro symbolique. Il n'en veut pas. Un confrère la rachète, pour la fermer et ainsi éliminer un concurrent dans son quartier, en affectant les locaux à une autre activité. La vie des affaires, c'est aussi cela.

111

Rebondir en trouvant le bon filon

Suite à cette aventure, Laurent choisit de créer une entreprise à partir de zéro et la nomme AB Repro. Ouverte en 2003, cette entreprise-boutique de reprographie et d'impression est située à Montesson dans les Yvelines. Très rapidement, Laurent y ajoute une touche originale : la sérigraphie sur textile. Ses clients peuvent ainsi lui commander des t-shirt, polos, chemises ou parapluies personnalisés.

L'entreprise marche bien, Laurent se stabilise. Son épouse assume la création graphique, lui la relation-client. Assez rapidement, les associations locales, notamment sportives, lui passent commande. Mais aussi les collectivités locales et les restaurants. En chef d'entreprise avisé, Laurent remarque que dans le textile, les marges ne sont pas du tout les mêmes que dans l'impression, même sans aller vers des gammes de produits chers.

En revanche, pour être sûr que les clients reviennent, la qualité doit être là. Pas question que les impressions perdent leur éclat ou disparaissent au bout de quelques lavages. Laurent est capable d'expliquer à chacun ce qui fait la différence et les normes techniques du procédé qui permettent d'obtenir un résultat beau et fiable.

Partenariat avec les imprimeurs

Au bout de dix ans, A.B Repro est connue dans sa zone de chalandise et l'entreprise tourne bien, le textile représentant 60% du chiffre d'affaires. Laurent est content, mais commence à tourner en rond, il voit plus grand. Que faire pour se développer ? sortir de son territoire ? Il réfléchit à son propre exemple : le textile apporte une belle complémentarité à l'activité d'impression. Il choisit donc d'évangéliser ses confrères.

Il met en place un catalogue, avec des gammes de prix des textiles et des personnalisations et propose aux imprimeurs de prendre les commandes, il se chargera de leur livrer les tex-

tiles imprimés. Chacun touchera sa marge, les imprimeurs auront un produit complémentaire à vendre à leurs clients et Laurent pourra développer son activité textile.

En quelques années, il en convainc vingt-huit dans Paris et la région parisienne de travailler avec lui. Les ventes augmentent, mais la croissance ne répond pas à ses attentes. En effet, les autres imprimeurs se sentent moins à l'aise pour vendre les textiles, même si ceux-ci leur rapportent des marges confortables. Laurent leur propose des supports publicitaires, mais l'ensemble reste peu dynamique.

Développer une stratégie de franchises

Laurent se rend alors au salon de la franchise, une idée en tête. Il choisit un cabinet spécialisé dans le développement de franchise et la lui soumet. Il s'agit de faire de sa marque, les Ateliers du textile une franchise nationale de boutiques de personnalisation de vêtements.

Passé les 50 ans, Laurent a gagné en prudence, il sait que les entrepreneurs qui lancent des marques de franchise sans se faire accompagner ne les développent jamais. Il utilise donc la méthode complète. Fait préparer le document qui servira de référence aux futurs franchisés. Le cabinet validera le projet de chaque candidat avant de le présenter à Laurent.

Pour 50 000 euros de ticket d'entrée dans le réseau, le franchisé disposera non seulement du nom de la marque, d'un concept de décoration et d'aménagement de la boutique, mais aussi d'une machine en location pour environ 200 euros par mois et de l'animation du réseau par une personne dédiée qui tournera partout en France. Un partenariat bancaire est prévu pour aider les franchisés à mobiliser les sommes nécessaires. Chaque boutique pourra fonctionner avec deux personnes : le franchisé et un salarié graphiste, même débutant.

Des clients chouchoutés

Le constat est simple : comme à Montesson, dans les villes moyennes ou même déjà dans les villes de plus de 20 000 habitants, la communication par la tenue vestimentaire est un vrai facteur d'identification des entreprises. Avec un budget très limité, elles renforcent non seulement le sentiment d'appartenance des salariés, mais aussi la communication vis-à-vis des clients et des prospects. Une boutique de centre-ville peut aisément capter cette clientèle, celle des collectivités locales et des associations et compléter son chiffre d'affaires avec les particuliers.

Laurent est conscient que pour son réseau d'imprimeurs distributeurs comme pour son réseau de franchisés, il ne pourra pas s'occuper lui-même de l'animation, avec sa propre entreprise à faire tourner. Il tient à rester auprès de ses clients à Montesson. Ceux-ci le lui rendent bien. Récemment, un jeune restaurateur vient lui commander des tabliers de cuisine. Laurent lui demande pourquoi il est venu ici puisqu'il habite dans une autre ville et que son restaurant est situé dans une troisième. « *Vous m'aviez bien reçu la dernière fois. Il y a deux ans, je vous avais commandé des t-shirts pour l'anniversaire de ma grand-mère.* » Laurent a appris à garder les fiches de toutes les commandes. Car de plus en plus souvent, certains clients appellent en disant tout simplement leur nom et « *faites comme la dernière fois.* »

L'esprit d'entrepreneur

D'une boutique qui marche bien, il est temps pour Laurent de passer à un réseau de personnes qui auront chacune intérêt à développer leur chiffre d'affaire tout en alimentant le sien. Laurent, en plus de la franchise, leur apportera son expertise pour les réalisations les plus compliquées, qu'il réalisera dans son atelier, tout en leur laissant une marge. Pour aller plus loin, il mettra sur la route un commercial qui démarchera les grandes entreprises ou institutions présentes en province

pour leur vendre les prestations des franchisés situés le plus près d'eux. Dans ce cas, l'équipe de Laurent ne prendra qu'une commission d'apport d'affaire et le franchisé verra ses commandes augmentées sans même avoir eu besoin de trouver lui-même les clients.

Voilà Laurent au début d'une nouvelle aventure. La possibilité s'ouvre à lui de créer et gérer une entreprise qui pourrait avoir le même fort développement que celles qu'il a créées en début de carrière. Reste à profiter des leçons de l'expérience pour en faire une réussite durable.

La box beauté

Birchbox

Mi vision, mi coup de cœur, Birchbox est le résultat du désir de création et de liberté de cinq jeunes entrepreneurs. Leur ambition : renouveler un secteur d'activité resté traditionnel dans sa démarche client. Leur coup de cœur : le monde créatif des cosmétiques. Le résultat, une entreprise leader sur son marché, y compris à l'échelle mondiale, qui valide la capacité du système d'enseignement supérieur français à former des entrepreneurs solides, rapidement capables de créer des entreprises leader sur des nouveaux marchés.

Les amis d'abord

Ce sont ainsi cinq jeunes diplômés qui se sont lancés en 2011 dans la création de Joliebox, devenue ensuite Birchbox. Parmi-eux, Mathilde Lacombe, une bloggeuse à succès, spécialiste de la beauté. C'est elle qui est en charge de l'image de marque et de l'éditorial. Martin, son cousin, est le directeur technique : il assume notamment tout ce qui est logistique et web-développement. François, directeur artistique développe le design de la box jusqu'à la boutique physique. Quentin Vacher, directeur financier est le seul des cinq qui soit parti vers une autre aventure professionnelle. Enfin, Quentin Reygrobellet pilote les aspects commerciaux. Avec chacun un domaine de compétence et couvrant à eux cinq l'ensemble du spectre des besoins de leur start-up, ils se trouvent dans la situation idéale pour démarrer : confiance dans les capacités de chacun à piloter son équipe et assumer ses missions, fort investissement individuel pour faire décoller la start-up, sans tenir compte du temps passé.

Chacun d'entre eux a acquis ses premières expériences professionnelles pendant les études. Quentin Reygrobellet a connu le département finances de marché de la SoGé en pleine affaire Kerviel. Suffisant pour lui donner envie de donner une autre dimension à sa vie professionnelle. Il a d'abord complété ses études à l'Ecole de Management de Lyon et profité de son temps libre pour créer des entreprises. D'abord Myprof, qui mettait en relation des étudiants de grandes écoles et des familles qui cherchaient des cours de soutien pour leurs enfants, puis Mycuisinier qui proposait des chefs à domicile. Il crée aussi alors une entreprise de livraison de petits déjeuners : ptidej.fr. De quoi acquérir une solide expérience d'entrepreneur et rencontrer deux de ses futurs associés de Joliebox.

Naissance d'un concept

C'est au fil des discussions avec ces derniers, et en s'appuyant sur la connaissance du marché des cosmétiques développée par Mathilde, que naît le concept de Joliebox : une box de miniatures de produits cosmétiques reçue sur abonnement. Nos entrepreneurs français ont été devancés de quelques mois par des Américains qui ont créé Birchbox, avec lesquels ils fusionnent fin 2012, conservant ce seul nom de marque.

Le constat de départ est simple : le marché des cosmétiques, qui représente 13 milliards d'euros en France (soit plus que la consommation annuelle de chauffage...) n'a pas encore (en 2010) été bouleversé par le digital. Plus encore que pour d'autres produits, les consommateurs souhaitent essayer les produits avant de les acheter, la barrière à l'achat en ligne est trop forte et le risque perçu d'un achat raté trop grand.

Nos entrepreneurs ont alors l'idée de déplacer le lieu du test : des magasins vers la maison du client, grâce à la livraison de la box contenant cinq miniatures. Après avoir réfléchi aux différents modèles économiques, ils parient sur un coût supporté par le consommateur. En s'abonnant, celui-ci reçoit chaque

mois une sélection personnalisée de produits de beauté, pour le prix de treize euros. Cela n'a de sens que s'il fait confiance à la sélection opérée par Joliebox.

D'où le rôle clé de Mathilde Lacombe, dont le blog a établi le statut de prescriptrice, puis, au fil des ans, de l'ensemble des équipes éditoriales et relation-client de la startup. La marque se distingue ainsi de la stratégie des marques de cosmétiques, qui s'appuient sur des égéries. L'idée est de ne jamais agir en autorité avec les client(e)s, mais bien en s'appuyant sur l'expérience du comité de sélection, de Mathilde et de tous les avis reçus par l'ensemble de la communauté d'abonnées.

Une offre qui s'adapte aux clientes

La clé de voute du succès de Birchbox est sa capacité à proposer un service de découverte et de surprise personnalisée: chaque nouvelle abonnée répond à un questionnaire concernant son âge, son type de peau, ses cheveux, ses attentes, ses goûts, ses besoins... Chaque mois, sa box est composée en fonction de ses réponses. Avec aujourd'hui 200 000 abonnées, la startup adresse plus de 50 variations de box chaque mois pour répondre aux différents profils. Ce qui nécessite à la fois un sourcing rigoureux et diversifié, et bien sûr une logistique et une gestion des données pointues. Pour satisfaire le besoin de découverte comme celui d'adhésion, les box sont composées à la fois de marques de jeunes créateurs ou créatrices encore inconnu(e)s du grand public, de marques étrangères et de grandes marques.

Birchbox s'appuie ainsi sur trois promesses envers le consommateur : une sélection pointue réalisée par un comité interne, la personnalisation et la prescription. Par ailleurs, les abonnées peuvent noter chaque mois la box reçue pour affiner leur profil beauté et donc le contenu de la prochaine. Ce que font près de 30% d'entre elles, donnant à Birchbox un formidable retour d'expérience. La satisfaction étant bien sûr le premier facteur de renouvellement de l'abonnement.

Du côté des clients, tout est allé très vite et le nombre d'abonnés est aujourd'hui supérieur à celui des magazines de la presse féminine. L'accueil par les marques a aussi été très positif. Celles-ci fournissent gratuitement les miniatures présentes dans les box. En échange, Birchbox leur fournit une véritable étude de marché, composée des données statistiques et les résultats qualitatifs anonymisés. Un véritable atout pour le service marketing d'une marque : un test grandeur nature peut être réalisé pour le lancement d'un nouveau produit, avec un retour rapide et qualifié.

Mais aussi un excellent support de publicité, différent des habituels vecteurs de la publicité pour les cosmétiques. Sans oublier qu'essayer le produit sélectionné pour répondre aux besoins de chacun se révèle un stimulus d'achat plus important que la publicité. En l'occurrence, 50% des abonnées effectuent ensuite leur shopping beauté sur l'e-shop.

Le temps de la croissance externe

Avec un modèle économique qui dégage de la trésorerie, Joliebox n'a pas cherché à lever beaucoup de fonds, un million d'euros apportés en 2011 par Adeventcap lui ont permis de racheter Boudoirprivé en Angleterre et Glamouroom en Espagne et de devenir ainsi le premier acteur du marché en Europe. Seul l'allemand Glossybox dispose de plus de moyens, avec une levée de fonds de 55 millions d'euros. Les Français se sont dit que ces moyens allaient aussi leur servir, en participant à l'évangélisation du marché. Le concurrent d'outre-Rhin s'est lancé avec une box plus chère et n'a pas connu le même succès populaire.

Restait donc Birchbox, le devancier américain. L'affaire s'est réglée fin 2012 avec une fusion. Le nom de Joliebox a été abandonné au profit de Birchbox. Chaque équipe a pour mission de développer le marché dans sa zone géographique et de faire bénéficier les équipes internationales de ses meilleures pratiques. Les Français avaient un avantage sur le marketing de la box, les américains sur le développement d'une boutique en ligne.

En France un accord de distribution entre les marques et les distributeurs oblige à disposer d'une boutique physique pour vendre des cosmétiques sur internet. L'équipe de Birchbox n'avait pas anticipé cette contrainte et s'est vue obligée de faire évoluer son dispositif de commercialisation. Les Américains, eux, n'ont pas cette contrainte et ont pu acquérir une expérience déterminante, à la fois digitale et physique, en termes de commerce des cosmétiques.

La branche américaine de Birchbox a donc ouvert une boutique physique, dans le quartier de Soho à New-York en 2014. C'est en 2017 que l'équipe française en fait de même, rue Montmartre à deux pas des Halles à Paris, emplacement stratégique bien desservi par les RER. Cette boutique est pensée comme une prolongation du service en ligne, avec un design dans l'air du temps, qui s'éloigne résolument du style des grandes enseignes de distributeurs.

Les clientes peuvent essayer l'ensemble des produits vendus, mais également visiter le Birchbox Studio, où l'on peut prendre un thé, suivre une masterclass ou encore bénéficier d'un service de coiffure. Et bien sûr, sur « La Fabrique », constituer une box de cinq produits, parmi un choix de quinze, fréquemment renouvelés et présentés avec un merchandising ludique, rappelant la gourmandise des magasins de bonbons.

L'idée est de s'en servir de preuve de concept et d'ouvrir d'autres boutiques à moyens termes. En attendant, les ventes sur internet décollent et représentent maintenant 40% du chiffre d'affaires de Birchbox, contre 60% pour les box. C'est la vente sur internet qui connaît la croissance la plus rapide. Ce qui confirme la tendance générale du marché des cosmétiques : la croissance des ventes physiques est dans l'ensemble atone depuis quelques années, mais les ventes en ligne progressent de plus de 20% par an.

Pour les clientes, les deux services (box et e-shop) sont complémentaires, puisqu'après avoir découvert les produits dans leurs box, elles peuvent les commander sur le site internet. Il est même possible de se faire livrer ses achats dans le même colis que la box suivante, ce qui permet d'économiser les frais de port. 70% des clientes recourent à cette facilité.

Birchbox s'impose comme un acteur majeur

Chemin faisant, Birchbox est ainsi devenu un véritable distributeur, comme Marionnaud et Sephora : il achète les produits aux marques et les revend aux clientes, s'appuyant sur son expérience dans le domaine des box pour effectuer ses approvisionnements. Petit à petit, l'entreprise devient un acteur notable du marché, avec un pouvoir de négociation croissant. La concurrence n'est pour autant pas frontale avec les autres distributeurs, qui bénéficient eux-aussi en partie de l'accroissement de consommation des abonnées à la box dont les achats beauté se développement en moyenne de 5% après abonnement.

A ce stade de son développement, plus de 600 000 personnes ont déjà été abonnées à Birchbox en France, pour 200 000 comptes actifs en 2017 et une communauté Facebook de plus d'un million de fans. Sur l'e-shop, chacune peut filtrer les avis sur les produits, en ne sélectionnant que ceux laissés par des clientes qui lui ressemblent : même âge, même type de peau, même nature de cheveux... Ceci concourt à la création d'une véritable communauté : les commentaires des clientes apportent un retour d'information sur leur appréciation de tel ou tel produit et guide les choix de leurs lectrices. Les marques ne s'y trompent pas : près de 90% de celles présentes dans les box en année N reviennent en année N+1.

Une équipe toujours plus complémentaire

Pour Quentin, les raisons du succès tiennent à la complémentarité des fondateurs de la société, dont chacun maîtrise un champ de compétences, développant et gérant sa propre équipe sans empiéter sur leur domaine respectif : marketing et relations aux marques pour l'un ; design, développement de

produits et contenus pour l'autre ; service client, technique et logistique pour un troisième ; éditorial et branding pour Mathilde, qui développe par ailleurs toujours son blog, son compte Instagram et qui vient d'écrire un livre. Ce partage des responsabilités entre les fondateurs a permis d'aller vite et en toute confiance, avec des effectifs parisiens qui dépassent maintenant plus de cinquante collaborateurs.

L'idée, c'est aussi d'offrir à leurs salariés ce qu'eux-mêmes souhaitaient trouver en entreprise : des locaux agréables, de l'ambition, du travail, mais aussi de l'écoute et une hiérarchie plus organisationnelle que statutaire.

L'équipe tient à l'agilité et la frugalité. Loin du cliché des start-ups qui réalisent levées de fonds sur levées de fonds pour financer leur croissance, son choix réside dans un modèle rentable depuis plus d'un an. Une recette que les Français ont partagé avec leurs coactionnaires américains, qui avaient bénéficié en avril 2014 d'une levée de fonds de 60 millions d'euros. En utilisant les ratios de la branche française, l'activité américaine est devenue elle aussi rentable en 2017.

Savoir saisir les opportunités du marché

Aujourd'hui, la stratégie de développement s'appuie notamment sur la croissance de la boutique en ligne, complétée par la présence désormais pérenne d'une boutique physique. Le marché des cosmétiques reste dans l'ensemble assez traditionnel et l'équipe de Birchbox est persuadée qu'il y a une place à prendre. Chaque mois, elle envoie un million d'échantillons dans 200 000 box. L'équipe de sélection teste cinquante nouveaux produits sur la même période.

L'ambition est de devenir le numéro du marché du e-commerce pour les cosmétiques à moyens termes : le digital représente 5 à 7% des ventes de cosmétiques, soit 600 millions d'euros par an. Un marché déjà important réparti entre un faible nombre d'acteurs et d'autant plus motivant que sa croissance annuelle est de 20%.

Créer l'émerveillement

Mindevent

Quand la pression familiale et sociale se combine avec les opportunités professionnelles pour égarer quelqu'un, seule la passion personnelle peut révéler le fil d'Ariane lui permettant de retrouver la lumière et le bonheur. C'est le cas de Dan Leclaire, qui après des années à s'user sur de fausses pistes a fini par utiliser sa passion de la magie pour aider les autres, notamment en entreprise, à prendre conscience de ce qui se passe véritablement dans leurs relations interpersonnelles et leurs actions professionnelles.

La découverte du monde secret de la magie

Enfant, Dan est passionné de musique et se voit chanteur d'opéra. Plus précisément, il rêve d'être chantre à la synagogue. C'est un cadeau qui va faire naître une autre passion plus dévorante, celle de la magie. Tout part d'une simple boîte de tours de magie de Gérard Majax. Dan émerveillé découvre cet univers. Il passe son temps à répéter les tours de magie enseignés dans son coffret. Puis il cherche à apprendre. Pas d'internet ni de vidéos à l'époque. Le monde de la magie est un peu secret, l'adolescent demande partout autour de lui qui a des livres sur le sujet. Il adhère ensuite à un club de magie et découvre une véritable littérature sur le sujet. Celle-ci est essentiellement traduite de l'anglais par un éditeur strasbourgeois, comme lui. Dan y voit un clin d'œil et un encouragement.

Lui qui s'ennuie à l'école est heureux de savoir quelque chose que les autres ignorent et d'impressionner tout le monde avec ses tours de magie. Il s'entraîne donc chaque jour, de la route de l'école jusque dans son lit avant de dormir. Mieux en-core, sa ville de Strasbourg est aussi le lieu de résidence du champion du monde de micro-magie. Ce dernier, un pharma-cien, reçoit Dan chez lui. Le jeune homme suit un rite initiatique et le maître corrige ses gestes. Voyant la forte motivation de son élève, il lui apprend de vrais secrets et des tours nés de sa créativité.

Tu ne seras pas magicien mon fils

A quinze ans, Dan ne pense plus qu'à la magie. Les ré-sultats scolaires s'en ressentent. Son père, un industriel du tex-tile est furieux. Un jour, la voiture quitte le chemin de l'école. Son père le morigène jusqu'à Lausanne, où il doit rencontrer un client. Le discours est clair : la magie n'est pas un métier.

Le père donne deux choix possibles à son fils : entrer en apprentissage ou rejoindre une école privée qui le mènera jusqu'au bac. L'été se passe entre des stages en boucherie et des cours en école privée. Evidemment, le père pense que son fils, jusque-là protégé par le confort du cocon familial, choisira le confort de l'école privée, qui correspond à son milieu familial bourgeois.

Las, Dan préfère la boucherie. Il part donc en apprentis-sage. Peu de temps après son père meurt d'une rupture d'ané-vrisme. Les relations étaient encore tendues et le père avait rappelé à son fils lors de leur dernière conversation que magi-cien n'est pas un métier. L'apprentissage ne facilite rien : bien que travaillant dans une boucherie de luxe, Dan est confronté aux brimades, à la dureté des relations, à l'absence de pause, aux conditions de travail difficiles. En revanche, à l'école, dans son centre de formation des apprentis, Dan obtient de bons ré-sultats. Et chaque fois qu'il en a le temps, il s'évade avec sa passion, la magie.

Magicien un jour, magicien toujours

A dix-huit ans, il travaille dans une boucherie quand un ami de son père, un marchand de bestiaux, lui conseille d'intégrer l'Ecal, école de la distribution afin d'apprendre le métier de directeur de supermarché. Le jeune homme change d'univers et s'éloigne de la maison familiale. Il découvre la vie d'étudiant à Rouen. Son école dispose d'une équivalence avec les écoles de commerce, dont elle adopte le mode de vie. Dan devient vice-président du bureau des élèves puis président du club d'oenologie... sans boire une goutte de vin. C'est l'organisation des soirées qui l'intéresse, leur ambiance, les rencontres et le fait de rassembler professeurs et élèves. Dan est connu pour être le magicien de la bande.

Il rêve alors de gagner le concours de négociation de l'école. Au premier tour, il est confronté à un ancien acheteur qui travaillait pour une centrale d'achat. Dan essaie de lui vendre une boîte de magie. L'acheteur reste de marbre et Dan sait qu'il faudra faire mieux pour ne pas être éliminé au second tour. Deux semaines plus tard, face au même acheteur qui se vantait de ridiculiser le magicien en herbe en utilisant un nez de clown, l'élève prend sa revanche : il invente le rôle de représentant en préservatifs et déroule tout un argumentaire. C'est ainsi qu'il obtient le premier prix en négociation en ayant déstabilisé son contradicteur.

De tours en détours

Lors d'un stage en entreprise, il a le culot de répondre « *non je vais travailler pour moi* » à la propriétaire du Super U qui lui avait dit « *ah, c'est vous qui allez travailler pour moi* ». Cette preuve de caractère plaît à son employeuse. Elle lui fait une proposition : elle va l'aider à aller apprendre le métier aux Etats-Unis, puis il reviendra prendre des responsabilités dans l'un de ses magasins. Il tope. En 2000, Dan se marie et part en couple travailler à Port Clinton, dans l'Ohio. Dans cette petite ville de 6 000 habitants traversée par une seule route, il découvre le service. Il est adjoint au chef de rayon épicerie, qui couvre la moitié du magasin, soit 1 500 m2. Ici, chacun apprend le prénom et le nom du client, le remercie d'être venu, ouvre les boites d'œufs pour vérifier qu'aucun n'est cassé, emballe les achats du client dans un sachet et lui dit qu'il sera heureux de le revoir dans son magasin. Au bout de dix mois, avec la fin du visa de travail, le jeune couple rentre en France.

Dan intègre le groupe de magasins de celle qui lui a permis de partir aux Etats-Unis. Puis il est débauché par le groupe Leclerc pour devenir chef du département des produits de frais, d'un magasin en agrandissement. Dan dirige cinquante personnes, soit la moitié du magasin. Il est d'abord tout feu, tout flamme. Mais tout tourne mal. La direction lui demande de mettre la pression à deux salariés, qu'elle souhaite licencier. Il sait qu'il joue à contre-emploi. Aujourd'hui, il reconnaît qu'il avait atteint son niveau d'incompétence et était incapable de comprendre son environnement.

Premiers pas dans l'entrepreneuriat

A l'époque, il se fait licencier, en a honte, ne le dit à personne et se dit « c'est leur faute». Puisqu'il est boucher, il décide d'ouvrir une boucherie. Il y a de la demande pour un nouvel établissement Kasher haut de gamme à Strasbourg et Dan se dit que ce marché est pour lui. Il fait le tour de sa famille, qui lui prête 500 000 euros pour lancer son affaire. Cet investissement est surdimensionné. Dan cumule les erreurs pendant un an et demi. Il est dans le déni, néglige ses marges. Pour faire face et essayer de résoudre ses problèmes, il a abandonné la magie qui est sa respiration. Tout va donc encore plus mal, jusque dans sa vie privée. Il avait voulu se créer une nouvelle famille, mais tout n'était que malentendu.

Le voilà donc divorcé, ruiné par l'échec de sa boucherie et en conflit avec sa famille dont il a englouti une partie des économies. Un ami lui dit qu'un groupe de restauration cherche un gérant pour fournir des maisons de retraite en nourriture kasher.

Le voilà qui nourrit 130 résidents sept jours sur sept trois-cent-soixante-cinq jours par an. En fait, en dehors de l'aspect humain, le travail, c'est de remplir et de suivre des tableaux Excel. Dès le premier mois, Dan sait qu'il va à l'échec. Son patron passe son temps à lui dire « *des chiffres, des chiffres* », comme l'usurier réclame son argent dans l'opéra de Beethoven : « *Geld ! Geld ! Geld !* » Il tient pendant un an, qui n'est pour lui que souffrance.

La magie comme planche de salut

Mais Dan fait à nouveau de la magie. Il anime des soirées. Il sait que sa vie va changer. En 2006, il rencontre Gérard Majax : « *j'ai été touché par la main de Dieu* » confie-t-il. Le maître lui dit : « *tu es magicien, tu es alsacien, quand tu auras réussi à imbriquer deux bretzells l'un dans l'autre, je t'enverrai à Las Vegas.* » Le voilà lancé dans un défi qui lui évite de réaliser qu'il est en pleine déprime. Une deuxième rencontre qui va tout changer : une directrice des ressources humaines rencontrée lors d'une soirée de magie qu'il anime. Dan lui raconte comment il choisit les personnes qu'il fait venir sur scène avec lui. Elle lui confie que ce sont les mêmes raisonnements qui jouent pour le recrutement.

Dan se penche alors sur sa propre personnalité. Pas seulement avec son psy. Aussi avec une coach qui lui fait découvrir les typologies de personnalité, lui décrit ses points forts et ses points faibles, à partir d'un questionnaire. Le magicien est tellement impressionné par la pertinence des résultats qu'il veut apprendre à le faire. En 2009, il suit donc une école de coaching pendant un an et assume sa vocation auprès de sa famille : « *je suis magicien, pas autre chose.* »

Deux bretzels qui changent une vie

C'est de ce côté que tout s'accélère. D'abord, il réussit à imbriquer deux bretzels. Ensuite, un ami magicien lui propose de l'accompagner pour un salon de la magie à Pékin. Dan, qui s'est fait licencié de la maison de retraite, n'a plus d'argent. Armé de

son talent de négociateur retrouvé, il fait la tournée des sub-
ventions, avec un argument imparable : imbriquer deux bretzels
dans un salon de la magie à Pékin, c'est promouvoir l'Alsace
dans l'Empire du Milieu. Et ça marche, entre Oséo, Ubifrance, la
ville de Strasbourg et la Région Alsace, il trouve le financement
nécessaire. L'été venu, cherchant un sujet original, un journaliste des *Dernières Nouvelles d'Alsace*, le principal quotidien
régional, lui consacre une demi page. France 3 reprend le sujet et fait un reportage. France Soir aussi. Europe 1 lui propose
de passer dans l'émission de Laurent Ruquier. L'interview est
une réussite. Dan est invité pour venir présenter son tour et ses
bretzels pour les dix ans de l'émission à l'Olympia. Il passe ensuite dix jours incroyables à Pékin où sa démonstration et son
stand de bretzels ne désemplissent pas.

Enfin libre

Dan rayonne enfin : en se libérant de son passé et de
ce que tout le monde attendait de lui, il a trouvé son chemin.
Il ose et réussit. Il se rend ainsi à un salon de l'emploi, joue le
rôle du postulant, puis décrypte l'entretien à son interlocuteur.
A chaque fois, celui-ci est ébahi par les capacités d'analyse ac-
quises par Dan en croisant son expérience de l'analyse des personnalités et de la magie. Les deux reposent en fait sur le fonctionnement neurologique. La magie joue sur la surprise pour
créer des émotions. Le même processus joue partout dans le
comportement humain. Car les émotions sont créatrices de relation et de communication.

Dan propose donc aux entreprises de révéler ce qui se
passe dans l'esprit de leurs équipes quand elles participent à
un séminaire, en croisant les méthodes de la magie et celles du
coaching. Sous l'étiquette de magicien, il conditionne les personnes puis les surprend en apportant un élément de réflexion
lié au coaching. Voici chacun déstabilisé, obligé de réfléchir, de
se remettre en cause et finalement prêt à véritablement bénéficier du séminaire comme d'un moment d'apprentissage, de
partage et de communication.

Non seulement Dan est épanoui, mais les clients se succèdent, enchantés par l'originalité et la pertinence de sa démarche. Il intervient dans des séminaires d'entreprises de la grande distribution, des banques, des grands acteurs des télécoms. Un jour, l'organisateur lui dit que ça va être difficile de présenter son intervention mi-déroutante, mi-sérieuse en plein séminaire. Dan répond du tac au tac : « *je vais animer l'événement, comme cela, il n'y aura pas de problème de transition* ».

Des racines et des ailes

Il est d'autant plus à l'aise pour faire cette proposition qu'il enchaîne les créations de spectacles depuis le début de la décennie 2010. D'abord un one man show intitulé *Et vous trouvez ça drôle !* qui reprenait les soubresauts de son existence. Il a écrit le spectacle, qui comprend de la musique et dans lequel il chante. C'est lors d'une représentation que sa mère et sa grand-mère ont fini par accepter la nouvelle tournure donnée à sa vie : Dan a vraiment quitté le nid familial et s'est envolé en choisissant cette fois librement son propre chemin. Il ne rompt pas pour autant avec ses racines. Au point d'aider la chorale où chante sa mère à rendre ses représentations dynamiques : en les animant lui-même tout simplement.

Cette expérience de la scène développe l'aisance de Dan pour animer les séminaires et journées de team building. Il ne vend rien d'autre que sa compétence, sa curiosité insatiable de l'être humain. Il anime *Radio Judaïca* à Strasbourg en réalisant des interviews et son sens du rythme, issu de sa pratique de la magie fonde son originalité, puis il devient vice-président de la radio.

Avec le succès rencontré auprès des entreprises, Dan décide de faire évoluer son offre. Tout part d'un ami qui lui demande d'animer le séjour de l'équipe dirigeante d'une entreprise dans un hôtel en Espagne. Dan ne veut pas refuser, réfléchit, ne trouve rien de vraiment pertinent. Le temps a passé. Lointaine est l'époque où il se lançait à corps perdu dans la boucherie, la

131

grande distribution ou la restauration collective juste parce que l'opportunité se présentait à lui. Avec l'expérience, Dan a retenu les leçons de la liberté. Il rappelle donc son ami et lui dit que « non », ils ne vont pas aller en Espagne. Il propose à la place de leur faire découvrir Strasbourg d'une autre façon. Dan veut leur montrer ce qui est sous leurs yeux et qu'ils ne voient pas, et dont personne ne tire la leçon.

Faire découvrir et émerveiller

C'est ainsi qu'il crée le programme de sa Learning Experience (LEX) à Strasbourg. Il met en avant la transformation urbaine de la ville avec une nouvelle façon de voir la place qui était autrefois la moins belle. Il fait connaître la Neustadt, longtemps restée dans l'ombre de la Petite France, maintenant classée patrimoine mondial de l'humanité par l'Unesco. Tout est donc question de regard. Comme pour la médecine, avec l'incroyable réussite de l'IRCAD, qui innove en s'appuyant sur l'informatique et des chercheurs qui ne sont pas médecins mais choisis pour leur créativité. Le programme complet sur deux jours fonctionne comme une révélation progressive pour des participants qui ne savent pas au début où Dan va les emmener et qui réalisent eux-mêmes les multiples sens du programme seulement à la fin, accompagnés par un carnet créatif.

Le séjour, écrit et rythmé comme un spectacle fonctionne parfaitement. Surpris par le déroulé, les clients repartent des étoiles plein les yeux, des idées plein la tête et riches d'un carnet de réflexion. Pour Dan, même si les moyens utilisés sont ceux du spectacle, il s'agit d'une véritable expérience, construite à partir de ce qu'il souhaite partager des rencontres qui l'ont inspiré. C'est sa façon de donner à chacun une part de l'émerveillement qui l'anime au quotidien et nourrit sa réflexion.

Ainsi chez Dan, l'expérience professionnelle et les passions, la magie, le spectacle, se croisent sans cesse pour se nourrir les unes les autres. C'est aussi la façon dont il comprend maintenant les relations entre la tradition juive et la culture européenne. Ce passionné de musique a ainsi repéré dans l'opéra de Mozart *Les Noces de Figaro* un texte qui est celui prononcé à

la synagogue pour accueillir les fidèles au début du shabbat. Da Ponte, qui a écrit le livret était un juif converti au catholicisme. Dan remarque d'autres échanges dans *La Truite* de Schubert, des oeuvres de Mendelssohn, d'Offenbach ou de Bizet. De là, nait l'idée d'un spectacle. Le premier titre est mal choisi : *Judéos pastiches*. Le public ne comprend pas l'allusion et la salle reste à moitié vide.

Dan ne se laisse pas abattre, la passion est la plus forte. Il renomme sa pièce *Mozart, la Truite et rabbi Jacob*. Cette fois, la salle du théâtre Munsterhoff à Strasbourg ne désemplit pas lors des cinq représentations. Dan y explique la fécondité des inspirations croisées, sans oublier une touche d'humour, qui n'enlève rien à son amour pour la beauté de la musique et la force des textes.

La créativité nourrie par la liberté

Libéré, Dan mène aujourd'hui une vie qui concilie son amour de la culture, sa pratique de la magie et sa curiosité pour l'autre. Le jour est arrivé où il met toute son expérience et ses compétences au service des entreprises qui lui demandent de réaliser des conférences, d'animer des séminaires ou de mettre en œuvre sa LEX. Signe de la pertinence de son offre, ce sont maintenant les Comex et les Codir des grandes entreprises qui sont devenus ses principaux clients. Il consacre ses soirées à la culture, au spectacle et à la magie. Il sait qu'il n'est pas fait pour fonctionner dans une structure fixe, mais qu'il a besoin de projets pour s'animer.

Surtout, ce qui lui permet de réussir aujourd'hui c'est la liberté qu'il s'est donné de penser, de faire, d'être et de dire. Au point d'avoir transformé les conférences qu'il donnait à l'Université de Strasbourg sur le savoir être, en diplôme universitaire professionnalisant. Ce sont les équipes de l'université qui ont concocté tout l'aspect formel et réglementaire, mais c'est Dan qui a donné au contenu une dimension d'interactivité qui convainc les entreprises. De grandes enseignes de l'équipement de la maison et de la distribution ont déjà signé pour former leurs futurs salariés au savoir-être envers les clients grâce à ce diplôme.

Choisir sa vie

Canopée

Choisir la vie, choisir sa vie : c'est ce que pense faire Maximin Bessi quand il crée Canopée, un gestionnaire de Partenariat Public Privé (PPP). Avec cette activité et dans ce domaine, il est évident qu'il ne recherche pas être reconnu comme « entrepreneur ». D'ailleurs, il vit le début de son histoire entrepreneuriale comme un artisan. C'est seulement cinq ans plus tard, avec un changement d'actionnaire et le développement d'une équipe de salariés et de free-lance, qu'il commence à se voir lui-même comme un entrepreneur.

Une route toute tracée au départ

Maximin fait partie de la génération pour laquelle l'entrepreneuriat devient un sésame. Son parcours s'y prête : classes préparatoires, grande école de commerce parisienne - l'ESCP - passage par Axa et Michelin, son début de carrière ressemble à celui de nombreux autres entrepreneurs de la décennie. Sauf qu'il ne s'est jamais dit qu'il allait créer une entreprise. C'est un coup d'arrêt brutal dans sa carrière qui le pousse à la réflexion.

Arrive 2009 : Une branche d'Icade, filiale de la Caisse des Dépôts pour laquelle il travaille, est vendue. Le moins que l'on puisse dire, c'est qu'il ne partage pas la philosophie de l'acheteur. Pour Maximin qui a fait un passage au noviciat des Jésuites et qui ressent fortement les paroles de la Boétie dans le *Discours de la servitude volontaire* la coupe est pleine. Il n'est pas le seul. François Phulpin, de vingt années son ainé, qui travaillait avec lui, est licencié. Mais il est contacté par une connaissance qui lui demande de bien vouloir venir jouer les arbitres au sein de la société de projet qui porte un PPP de l'extension de l'hôpital de Caen, pour lequel une filiale de Bouygues est le constructeur du bâtiment et une autre le mainteneur et le gestionnaire.

François accepte cette mission, fort de son expérience de l'immobilier et du service à l'immobilier. Il devient donc président, de la société de projet. Celle-ci gère en fait le contrat du PPP et doit, tout au long de celui-ci, maintenir l'harmonie et s'assurer du respect des contrats entre les différentes parties : constructeur, mainteneur et commanditaire public.

Sauter le pas

Nous sommes en 2010, les PPP sont à la mode, ils ont leur propre salon au Palais des Congrès. François propose à Maximin de travailler ensemble, s'appuyant sur leur connaissance du secteur, leur complémentarité générationnelle et de caractère. Maximin réfléchit avant de franchir le pas. Un mentor lui dit : « *ce qui compte pour te décider, ce n'est pas ce que gagnent tes copains dans d'autres entreprises, c'est ce dont tu as besoin pour vivre. Si la nouvelle activité suffit à couvrir tes besoins, alors vas-y.* »

Cette réflexion va bien avec la philosophie de Maximin. Il veut être libre, ne plus dépendre d'une hiérarchie à la légitimité incertaine. Il fait donc ses comptes. Alors célibataire, le loyer, la nourriture et quelques autres lignes de dépenses peuvent être satisfaites par l'activité qui se dessine. Et surtout, comme beaucoup, il peut s'appuyer sur le dispositif ACCRE : il vivra de ses indemnités chômage jusqu'à ce que l'activité puisse vraiment le rémunérer.

Premiers contrats

François et Maximin s'entendent bien, mais ils veulent éviter tout risque de se retrouver dans une situation de confrontation directe. Ils possèdent donc 90% de Canopée à son démarrage et choisissent cinq associés qui disposent de 2% chacun et apportent surtout des compétences et leur bienveillance. Les débuts ne sont pas évidents pour autant, puisque François gère seul le premier contrat et que Maximin s'occupe de tout ce qui concerne la création et la mise en place de leur société. Les deux associés ont même des doutes sur leur mode de fonctionnement : doivent-ils gérer chacun un portefeuille de contrats ou travailler tous les deux sur chaque contrat ? Ils optent finalement pour la première solution.

Heureusement pour Maximin, Canopée décroche rapidement un contrat qui lui met le pied à l'étrier. Là encore, il n'est pas salarié de la société de projet, mais en devient le président en 2015, rétribué en honoraires. En effet, les sociétés de projet sont des sociétés, créées dans le cadre d'un PPP, qui portent un seul actif avec une durée de vie limitée, liée à la durée du PPP, trente ans en général. Ces sociétés n'ont pas besoin d'avoir une équipe, elles ne sont en fait que le regroupement de l'investisseur, qui en détient généralement 90% et de l'industriel qui réalise le bâtiment. Le fonds lève directement 10% de la somme auprès de souscripteurs, souvent des fonds de retraite ou des assureurs et emprunte les 90% restants auprès des banques. La société de projet doit veiller au bon fonctionnement de l'équipement et aux bonnes relations entre les contractants. Seules les plus grosses sociétés de projet, comme celle de la ligne TGV Paris-Bordeaux, disposent d'une véritable équipe, du fait de l'importance des enjeux.

Certains industriels créent des filiales spécifiques pour gérer les sociétés de projets qui émanent de leurs réponses à des appels d'offres de PPP, parfois les fonds d'investissements se chargent de la mission, s'accaparant ainsi une rémunération complémentaire, d'autres font appel à des sociétés comme Canopée.

La raison du succès tient notamment au second contrat gagné par Canopée : l'INSEP à Vincennes. Il s'agit d'un PPP complexe, avec un contrat mal écrit. Le client, un fond d'investissement, est tellement satisfait qu'il confie six autres contrats à Canopée, dont quatre toujours en cours. Maximin y gagne une forte crédibilité, d'autant plus que ce résultat a été obtenu dans un contexte difficile. Dans un milieu où les acteurs ne sont pas nombreux, Canopée gagne vite en visibilité.

La montée en puissance

Pour réussir ses missions, Canopée débauche alors une autre ancienne collaboratrice d'Icade, spécialisée dans la finance, Béatrice. Dans son poste précédent de contrôle de gestion, elle n'avait « plus de vie ». François et Maximin lui proposent un temps partiel, sans baisse de son taux horaire. Béatrice a changé de vie, vient à pied au bureau et n'a aucune envie de repartir dans une entreprise classique.

En 2015, François souhaite céder ses parts, tout en continuant ses missions. Déjà président de la société, Maximin rachète une partie des parts de son associé, et s'en trouve un autre. Preuve de l'évolution de Canopée, ce nouvel associé n'y travaille pas. Professionnel de l'immobilier et donc avec une bonne connaissance de l'objet générant les missions de Canopée, il voit dans l'entreprise un placement. Car contrairement à une entreprise de conseil, la valeur de Canopée ne réside pas seulement dans l'expertise et le relationnel de ses fondateurs : avec des contrats pluriannuels renouvelables, potentiellement jusqu'à la fin du PPP, donc pendant 30 ans, elle dispose d'une valeur économique négociable.

Depuis 2012 et la victoire de François Hollande, les PPP sont un peu moins à la mode. Quelques exemples de dépassements de coûts initialement prévus ont permis à leurs contempteurs d'instiller le doute en véhiculant le message que le commanditaire public se faisait berner dans ces contrats. Maximin en sourit : il suffit de mieux rédiger les contrats et de

prévoir des systèmes adaptés de performances et de sanctions, pour que la personne publique évite toute mauvaise surprise. Et le plus grand dépassement de coûts des dernières années, n'est pas un PPP, mais la Philharmonie de Paris, dont le coût réalisé a dépassé les 400 millions d'euros, à comparer avec un coût prévisionnel de 150 millions d'euros ! Le problème, selon Maximin est double : d'abord, il faut réaliser de bons contrats, ensuite, la personne publique sait rarement être un bon client, au sens d'être vraiment capable de défendre ses intérêts pendant la durée du PPP.

En attendant, Canopée continue à gagner de nouveaux contrats. De 2015 à 2017, son chiffre d'affaires passe de 500 000 à 700 000 euros. Avec un maximum de quatre ou cinq contrats gérables en même temps par personne, Canopée recrute lentement, mais sûrement. D'abord Xavier, un jeune retraité qui complète ses revenus en travaillant deux jours par semaine. Une solution idéale pour lui : il continue à faire un travail qui l'intéresse, arrondit ses revenus et dispose de beaucoup de temps libre pour s'adonner à ses passions. Xavier est une bonne pioche pour Canopée : il dispose non seulement du parcours qui convient, mais sa séniorité est un avantage dans des missions où il faut incarner l'autorité et la compétence.

Dans un sourire, Maximin assure qu'il n'a lui-même pas de difficulté à s'engueuler avec un partenaire pour défendre ce qu'il considère comme l'intérêt de la société de projet. Néanmoins, il serait difficile de placer des juniors dans ce type de mission. L'équipe est complétée par Alexandre qui est mis à disposition par le nouveau coactionnaire de Maximin. Consultant immobilier depuis plus de dix ans, Alexandre a déjà assez d'expérience pour évoluer dans le domaine. Avec ses deux salariées à temps plein et un autre recrutement en préparation, Canopée est bien en train de devenir une petite entreprise spécialisée sur une niche professionnelle.

« D'artisan » à entrepreneur

Le rôle de Maximin change, la moitié de son temps professionnel est maintenant consacré au développement et à la gestion de Canopée, dont il est le principal commercial. D'artisan, il devient un véritable entrepreneur à ses yeux. Mais ses objectifs n'ont pas changé pour autant. Le premier est sa liberté. Même s'il développe Canopée, il refuse de faire cette croissance au prix de son temps libre. Père de trois jeunes enfants, il est tous les soirs à 18h30 à la maison et prend douze semaines de vacances par an.

Quand il pense à son entourage, aux heures que font les cadres des grandes entreprises, au stress généré par le rythme des affaires, Maximin est assez heureux de l'entreprise qu'il a construite : tout se gère dans le temps. Les problèmes se règlent avec courtoisie dans un milieu où les enjeux demeurent une gestion de long terme d'un établissement public, ainsi que la satisfaction de long terme des contractants. Maximin apprécie ainsi à la fois la correction de ses partenaires, mais aussi leur franchise et le côté encore assez direct du milieu du bâtiment : « on n'est pas dans la journée de ceci ou de cela organisée par les grandes entreprises pour dire qu'elles aiment tout le monde et chacun selon sa différence. On n'est pas dans la communication avec des cœurs que l'on trouve sur les réseaux sociaux. Mes interlocuteurs boivent un verre à table, voire deux si le vin est bon. » il ne le dit pas, pas mais on devine ce qu'il pense des grands discours sur les valeurs et l'authenticité, et le discours positif tendance gnangnan qui envahit aujourd'hui le monde des grandes entreprises pour faire oublier burn-out et bore out.

Maximin assume son choix de la liberté et, tout en étant conscient des différences de perception dans notre société, ne serait sans doute pas loin de considérer que c'est cette notion qui est la définition fondamentale de l'entrepreneur, plus que la nature de l'activité, la taille de l'entreprise ou l'ambition. Les PPP pour lesquels travaillent Canopée sont des projets qui vont de 10 millions d'euros pour une piscine municipale aux 250 mil-

lions d'euros de l'hôpital de Saint-Nazaire. La mission qui est confiée à Canopée varie d'un projet à l'autre : cela peut concerner uniquement la supervision du bâtiment ou s'étendre à l'ensemble des activités qui s'y déroulent, comme dans le cas de l'INSEP de Vincennes, avec des équipements ouverts au public. Le rôle de Maximin est alors à la fois un rôle de gestionnaire et de relations publiques.

Une interface entre public et privé

Ce qui le frappe le plus dans son expérience, c'est la persistance de la difficulté de communication entre acteurs du privé et acteurs du service public. Il appelle chacun au pragmatisme, rappelant parfois aux fonctionnaires qu'ils doivent se comporter comme des clients, comme lorsqu'ils font leurs courses, pour sortir de l'abstraction et des positions de principes. Par ailleurs, dans un pays dont un actif sur trois travaille dans la sphère publique, de nombreuses sociétés ne peuvent pas vivre sans la commande publique. Pour les autres, quand leur principal client n'est pas public, le client de second rang l'est : de nombreuses entreprises sont prestataires d'entreprises elles-mêmes prestataires d'un client public.

Une bonne connaissance des codes et usages du privé comme du public est donc nécessaire pour développer les affaires sur le long terme. C'est ce lien entre des cultures professionnelles étrangères l'une à l'autre que Maximin tisse. Rondeur du visage, sourire bienveillant, intelligence du regard laissent deviner à l'interlocuteur une tête bien faite et un caractère tout en équilibre et précision. Maximin confesse de son côté qu'il ne se sent pas avoir un véritable métier, qu'il serait sans doute difficile de créer une liste des compétences nécessaires pour réaliser ses missions. En revanche, des aptitudes oui. C'est pourquoi, dans les dîners, les convives abandonnent vite la conversation sur l'activité de Maximin, quitte à s'attarder sur celle de son épouse, orthodontiste, ce qui parle plus facilement à tout le monde.

Débuts d'internationalisation

En revanche, la spécificité de son action n'a pas échappé aux professionnels. Ainsi, des investisseurs anglais qui voulaient se positionner sur le marché des PPP français sont venus frapper à la porte de Canopée. Bien conscients que la culture diffère d'un pays à l'autre, ils souhaitent ne pas prendre de risque inutile. Ils ont donc créé une filiale avec Canopée. Les Anglais s'occupent de l'aspect financier, les Français du volet opérationnel. Et la sauce prend : la filiale décroche trois nouveaux contrats d'un coup.

Cette évolution convient bien au nouvel associé de Maximin. Pour lui, l'objectif, c'est que Canopée grandisse. Venu de l'exploitation technique de l'immobilier, il se voit comme un investisseur visant l'effet de levier et la constitution d'actifs capitalistiques. Ce qui le différencie de Maximin qui s'est créé un outil pour être indépendant et sortir des superstructures professionnelles qui ne l'enchantaient guère. Finalement, leurs deux approches se complètent bien : l'ambition de l'un dynamise celle de l'autre.

Œuvrer pour la sérénité de tous

La respiration est une notion importante pour Maximin. Canopée héberge ainsi un coach en entreprise. Celui-ci paye un loyer et se trouve ainsi immergé dans la vie quotidienne d'une autre entreprise que celles dont il coache les cadres. Une façon de vivre concrètement une autre expérience que sa seule posture de conseil. Pour l'équipe de Canopée, c'est un interlocuteur à la fois extérieur et proche : « *On n'a pas créé un espace de coworking, mais au-delà de la bonne entente humaine entre nous, je sens des effets positifs qui sont un peu difficiles à schématiser, mais bien réels pour autant.* » Maximin se sent bien poursuivre dans cette voie et héberger d'autres indépendants au fil du développement de Canopée.

Je devine une relation apaisée au monde chez Maximin. Peut-être parce qu'il travaille à la confluence des sphères pu-

bliques et privées, qu'il a construit son entreprise en menant des missions qui l'intéressent et qu'il continue à rentrer tôt tous les soirs pour partager son temps avec femme et enfants : *« je veux vivre confortablement, mais je me suis donné la liberté de ne pas courir après l'argent. Je ne sacrifie pas mes soirées en famille pour avoir de quoi financer des vacances au ski. »*

Finalement, ce que les clients de Canopée attendent, c'est de la sérénité dans la vie du PPP, et la personnalité de Maximin est de nature à garantir celle-ci. Chaque problème doit se régler, non pas pour que l'un perde et que l'autre gagne, mais pour que tous les contractants soient gagnants et atteignent leur objectif : un réel service rendu aux administrés pour les personnes publiques, un retour sur investissement conforme au contrat initial pour les investisseurs privés.

Sous le charme, la guerrière

Ma P'tite Culotte

Avoir une double vocation, c'est une de trop. Surtout en France où l'on aime classer chaque personne dans une catégorie en lui demandant de ne pas en sortir. Or Charline Goutal combine création artistique et sens des affaires. Assez pour se lancer dans la réalisation de son rêve d'adolescente : créer sa propre marque de lingerie féminine.

Une princesse créative

Enfant, Charline dessine, écrit des pièces de théâtre, fait des collages, de la peinture, joue du piano. Elle ne peut s'arrêter. Puis met en scène ses saynettes dans le salon familial, donne des concerts et se fait payer pour les exécuter. Son père et sa mère lui ont donné un principe simple : pas d'argent de poche. Il lui faut donc commercialiser ses performances pour avoir un peu d'argent. La leçon vient de l'enfance de ses propres parents : tous les deux orphelins dès leur jeune âge, ils ont connu des années très difficiles et connaissent la valeur de l'argent.

Ils sont persuadés que même dans le confort dans lequel ils vivent grâce à leur métiers respectifs, il faut inculquer à leur fille la conscience que l'argent n'arrive pas seul, qu'il faut le gagner. Cela ne l'empêche pas de se rêver en petite princesse aux longs cheveux et aux belles robes et de croire à la force de l'amour unique, avec sous les yeux ses parents justement, qui se sont rencontrés pendant l'enfance et jamais quittés.

La rigueur de son éducation ne l'empêche pas de compliquer l'existence de sa mère, en exigeant que les habits qu'elle porte soient strictement accordés. Son goût pour l'harmonie et la beauté ne lui permet aucun compromis. Plus tard, elle ne pourra jamais séparer le fond de la forme, son perfectionnisme l'entraînant dans des volumes de travail non quantifiables. Même au sein de la petite équipe de Ma P'tite Culotte, elle n'accepte aucun document qui ne respecte la charte graphique, y compris pour échanger en interne.

La passion pour la lingerie

Son esthétisme forcené ne fait que croître avec l'âge, en parallèle avec la conscience de sa féminité. Comme de nombreuses petites filles, elle veut absolument un soutien-gorge avant même d'en avoir besoin, simplement pour se sentir femme et pour la beauté de l'objet. Sa mère lui fait donc une surprise pour ses treize ans : elle l'emmène choisir son premier soutien-gorge aux Galeries Lafayette. Charline est aux anges et fascinée par l'univers de la mode qu'elle découvre. Elle passe toute l'après-midi à essayer autant d'habits que possible. Ce premier soutien-gorge reste dans son esprit le plus beau cadeau qu'elle ait reçu, avec son piano.

Dès quinze ans, son projet est fermement décidé : Charline veut créer sa propre marque de lingerie, dessiner elle-même les dessous féminins et les commercialiser. Elle avoue aussi dans un sourire nourrir un autre projet dès cette époque : devenir Président de la République et ne pas y avoir renoncé ! Pour créer sa marque, elle rédige son business plan, travaille sur son identité de marque. Consciente du sérieux de sa démarche, elle la présente lors de ses oraux de concours des écoles de commerce. Suffisamment impressionnant pour intégrer le groupe ESSEC.

Son entêtement est près de lui jouer des tours : comme elle ne partage pas le point de vue de ses professeurs de marketing, elle préfère rendre des copies blanches que d'être jugée par quelqu'un qui s'oppose à ses idées. Plutôt que de jouer ainsi avec sa scolarité, elle choisit la finance comme majeure, se réfugiant derrière son objectivité.

Toujours plus loin

Charline prend en parallèle des cours du soir, en stylisme. C'est ainsi qu'elle apprend les notions qui lui manquaient et commence à se familiariser avec les prototypes, la lingerie étant bien plus compliquée à réaliser que le prêt à porter.

Charline ne peut cependant pas créer sa marque dès son diplôme obtenu : ses parents se sont endettés pour lui payer ses études, il faut d'abord créer des revenus. Sa passion pour l'univers du luxe l'entraîne chez Louis Vuitton. Un cabinet de conseil en stratégie d'achat et de finance la repère et lui offre un très bon salaire.

La jeune femme s'appuie sur ses capacités analytiques, son goût des chiffres et de la finance pour briller. Mais elle veut plus, elle s'acharne au travail et réclame des missions complètes. Elle veut créer des filiales. Ne se sentant pas pleinement utilisée, elle reprend les cours du soir. Cette fois, l'objectif est d'intégrer un MBA à Harvard ou Stanford et d'y rencontrer un partenaire pour créer sa marque de lingerie.

Sur un coup de tête

Reçue aux écrits pour les deux universités, un événement apparemment anodin la détourne de sa route. Lors d'une soirée d'anniversaire, elle discute toute la nuit avec un porteur de projet. L'idée est de créer une entreprise digitale autour de la mode. L'équipe déjà constituée dispose de toutes les compétences, notamment informatique, mais pas le profil de passionnée du domaine qu'incarne Charline. Le coup de cœur étant réciproque, elle se voit proposer de s'associer au projet.

Là voilà face à l'une des plus grandes décisions de sa vie. Elle ne prend pas l'avion. Ne saura jamais si elle aurait intégré l'une des deux prestigieuses universités, ni ce que serait alors devenu son projet professionnel. Elle s'engage alors dans l'aventure de Herewestyle. En dix-huit mois, le projet avance bien, l'entreprise lève des fonds. Tous travaillent beaucoup. Au point que l'associé qui a le rôle de PDG fait un burnout. Le côté affectif n'est pas moins fort chez Charline que la dimension analytique. Elle ne se voit pas continuer sans lui. Quand arrive l'offre d'achat, elle cède ses parts sans hésiter.

Donner vie à ses rêves d'enfant

Elle a maintenant assez confiance en elle pour se lancer dans son projet personnel. Elle profite d'une semaine de vacances à Londres pour le formaliser. Si l'idée de créer une marque de lingerie ne l'a pas quittée, elle s'est longtemps demandée comment formuler le style qu'elle voulait lui donner. Celui qui semblait lui manquer quand elle faisait ses propres achats.

Charline analyse le marché qui compte trois grands positionnements : l'entrée de gamme, purement utilitaire, au style changeant et sans grande personnalité ; la lingerie de séduction, avec des marques bien identifiées et des gammes de prix croissantes ; enfin la lingerie érotique, qui ne représente que des achats occasionnels.

Ce qui semble manquer à la jeune femme, c'est une lingerie qu'une femme ait envie de porter chaque jour à son réveil, se sentant naturelle, belle et spontanée. Avec le regard passionné qu'elle porte sur la féminité, sa beauté, sa complexité, ses différentes dimensions, de l'humour au besoin de séduction, en passant par le sourire. Finalement, cette réflexion sur le positionnement débouche directement sur la recherche du nom. Charline se torture l'esprit.

Jusqu'au jour où la phrase qu'elle se dit chaque matin pour choisir ses dessous se formule comme une évidence : « Ma P'tite Culotte. » Elle se donne ainsi un nom suggestif, qui finalement peut traduire tous les états d'esprit et tous les styles de femmes. Il a en outre l'avantage de ne laisser personne indifférent : les uns sont scandalisés par le fait de nommer ainsi l'objet ; d'autres se contentent d'un sourire gêné, ne savent pas s'ils peuvent rire ou pas ; d'autres enfin y voient un clin d'œil charmeur, une féminité assurée et assumée.

Fini le made in France

Le nom en tout cas suscite l'émotion et donc le lien. La conjoncture porte aussi à l'émotion dans son secteur d'activité. Au moment où Charline crée sa marque, Legaby décide de fermer ses ateliers de Villeurbanne pour délocaliser sa production. Une partie des salariées montent une SCOP, sous le nom des Atelières, pour sauver leurs emplois et se lancent dans une opération de crowdfunding. Ma P'tite Culotte ne peut les financer, mais en revanche, elle devient leur premier client, ce qui leur permet de démarrer. La collaboration dure deux ans, jusqu'à la faillite des Atelières en 2015.

Ma P'tite Culotte qui avait axé sa communication sur des produits *made in France* se retrouve en difficulté : il ne reste presque plus d'ateliers de confection en France, sauf ceux directement détenus par des marques concurrentes. Monter un atelier n'est pas rentable ou à un terme qui démotive les banques. Le savoir-faire est en grande partie perdu. Charline doit se rendre à l'évidence : il faut s'approvisionner au Maghreb et au Portugal. Fini le *made in France*. En attendant de collaborer avec ses nouveaux fournisseurs, Ma P'tite Culotte se retrouve pendant quelques mois sans rien à vendre et donc sans recettes.

Former le bon duo

L'entreprise est en danger. Charline a demandé dès mai 2013 à Laurent, l'un de ses meilleurs amis, qui est photographe, de la rejoindre. Elle a besoin de photos, mais aussi d'être épaulée. L'entrepreneuse pense alors que leurs compétences sont complémentaires. Les difficultés de l'année 2015 finissent de briser l'équipe. Charline veut trouver un autre associé qui puisse vraiment devenir son *alter ego*. Au retour d'un salon à Lyon, Laurent lui propose de venir dîner chez lui et lui présente un autre ami, Pierre.

Le courant passe tout de suite entre les deux personnes. Lui est très à l'aise avec le digital, compétence d'autant plus utile que Ma P'tite Culotte vend alors sa lingerie uniquement sur internet. En septembre 2014, Charline, toujours têtue, obtient ce qu'elle veut : Laurent cède ses parts à Pierre. Non sans tension ni souffrance puisque Charline et Laurent sont d'abord des amis avant d'être des associés et qu'une séparation entre actionnaires se fait rarement sans récrimination. Deux ans plus tard les choses sont apaisées et l'amitié a repris le dessus.

Avec Pierre, les rôles se répartissent naturellement en fonction des compétences : Charline continue à dessiner la lingerie, à piloter la stratégie, superviser la finance et le marketing ; Pierre maîtrise le digital, l'acquisition client, la logistique et les approvisionnements. Mais les difficultés demeurent. La trésorerie est à plat, Charline déprime, n'arrive plus à payer son loyer, ne mange plus. Ma Pt'tite Culotte est alors lauréate du Réseau Entreprendre 92. Mais pour toucher le prêt d'honneur de 30 000 euros, elle doit décrocher un prêt bancaire. Ce que lui refuse son agence.

C'est la larme de trop pour l'entrepreneuse. Invitée à donner la réplique à un économiste sur le plateau de BFMTV, elle craque et assène que ni l'Etat, ni les banques n'aident les petites entreprises, elle cite son agence bancaire et se rend compte ensuite de sa bévue. Trop tard, l'affaire fait du bruit. Charline est convoquée par le directeur d'agence. Celui-ci lui reproche son immaturité en termes choisis. Pas habituée à subir, la jeune femme claque la porte et se trouve une autre agence bancaire.

Et la princesse devint guerrière

Un peu plus tard, un ambassadeur de la banque lui propose de lui fournir le prêt dont Ma P'tite Culotte a besoin. « Trop tard » répond sa fierté. Son entourage lui a dit et répété : elle n'est définitivement pas la princesse qu'elle rêvait d'être, malgré le soin apporté à son style. Non, Charline est devenue une guerrière. Si elle reconnaît qu'elle n'aurait pas dû laisser l'orgueil dominer cette conversation, elle sourit en évoquant sa banque qui la traite maintenant en permanence en VIP.

C'est d'abord le Réseau Entreprendre qui lui a permis de remonter la pente, en lui accordant une dérogation exceptionnelle pour que son entreprise puisse bénéficier du prêt d'honneur. La présence de Pierre l'a aussi confortée. Le ton de sa voix en dit plus encore que ses mots quand elle parle de la confiance qu'elle lui fait, comme de la confiance qu'il place en elle.

Jamais Charline n'a avoué à ses proches la détresse financière personnelle dans laquelle elle se trouvait en 2015. L'émotion aurait été trop forte. Seul Pierre savait tout et lui apportait tout son soutien, alors qu'il recevait des propositions de cabinets de recrutement pour rejoindre d'autres entreprises : *« nous sommes associés et nous sommes surtout des amis, avec des liens d'une force extraordinaire. »* précise-t-elle sans l'ombre d'un doute ni d'exagération dans la voix.

La course à la taille critique

En 2016, Ma P'tite Culotte reprend le chemin de la croissance. Mais l'activité est consommatrice de fonds de roulement. L'entreprise a besoin de trouver du capital. Les deux associés commencent à chercher à lever des fonds. Un investisseur important de leur tissu économique commence les discussions. Son intérêt semble marqué. Il encourage les deux jeunes gens à foncer, leur promettant d'apporter des fonds sous six mois.

Convaincus, ils rompent les discussions avec les autres investisseurs potentiels. La collaboration semble se mettre en place. Charline et Pierre dévoilent tous les aspects de leur entreprise, jusqu'à la signature de la lettre d'intention. Du jour au lendemain l'investisseur cesse de donner des nouvelles et de répondre au téléphone ou aux courriels. La Lettre d'intention empêche toute caractérisation de l'affaire comme espionnage industriel, mais la conviction de Charline est faite. Elle se sent abusée, violée, souillée par un comportement dégradant.

Pour sortir de cette spirale négative, elle demande conseil à un homme d'affaire qu'elle voit comme un mentor. Une fois la situation expliquée, celui-ci se contente de demander aux deux associés combien il leur faut pour sauver la marque. Ils demandent 200 000 euros. Lui leur propose 100 000 dont 50 000 euros en capital et 50 000 sur le compte courant. D'un côté, les conditions sont drastiques, de l'autre Ma P'tite Culotte dispose du chèque avant même que le nouveau pacte d'actionnaires soit signé. La respiration est de courte durée : la croissance de l'entreprise, qui a pu revoir ses prix à la baisse et attirer une nouvelle clientèle, continue à consommer du fonds de roulement. En juin 2016, il faut lancer une deuxième levée de fonds. Charline et Pierre espèrent 500 000 euros. Ils obtiennent 200 000. Leur entreprise n'est pas technologique, elle ne peut obtenir d'aides publiques. Ses chiffres sont alors corrects, mais Charline et Pierre font encore tout à deux ne peuvent pas bien valoriser la marque d'un point de vue financier.

Une question de rencontre

Ironie de l'histoire, après cette deuxième dilution couteuse en capital, arrive enfin une bonne nouvelle capitalistique. A la suite une conférence donnée dans son réseau d'entrepreneur, Charline est appelée par un dirigeant d'un groupe du CAC40. Celui-ci pense qu'elle a du génie et veut la rencontrer. Pas toujours abordée avec respect par les hommes, Charline demande à Pierre de l'accompagner au rendez-vous. La veille, elle fait une intoxication alimentaire, se concerte avec son associé : faut-il maintenir le rendez-vous ? comme ils ont tous les deux l'impression qu'il va se passer quelque chose, ils foncent.

Bonne décision. Le rendez-vous est un enchantement réciproque. Le déjeuner dure cinq heures. L'homme de soixante-dix-ans est convaincu par les deux jeunes, pas encore trentenaires. Il leur demande combien il faut pour réaliser les projets les plus fous de Ma P'tite Culotte. Avant le déjeuner, Charline et Pierre s'étaient entendus sur le chiffre d'un million d'euros. Aussi quand Charline répond « *deux millions* », Pierre pense qu'elle délire. L'homme d'affaires accepte et s'engage dans l'aventure.

L'équipe de Ma P'tite Culotte, qui a déjà vécu des désillusions, ne veut pas s'emballer, ne sait plus s'il faut rire ou pleurer. En janvier 2017, les deux millions sont dans l'entreprise. Paradoxalement, Charline le vit mal. Sans doute parce que les premières levées de fonds l'ont tellement diluée qu'elle vient maintenant de perdre la majorité qu'elle détenait encore dans le capital.

Trouver le bon équilibre pour être libre

Au moment où la marque connaît des ventes qui lui génèrent de ruptures de stocks, que tous les indicateurs sont au vert et que Ma P'tite Culotte peut recruter, Charline se met à perdre pied. Sa santé se dégrade rapidement, elle pleure tous les matins. Elle n'a pas trente ans et se sent vidée, brisée. Elle n'a pas pris une semaine de vacances depuis cinq ans. Pierre est inquiet. Il l'oblige à faire un break de trois semaines pendant l'été.

La jeune femme vit ces vacances chez ses parents comme une véritable cure de désintoxication. La première semaine, elle se réveille en sueurs la nuit, a des vertiges, ne cesse d'appeler Pierre qui lui répond que tout va bien, qu'elle peut décrocher. La deuxième semaine se passe mieux. La troisième la convainc qu'elle doit désormais trouver un meilleur équilibre entre sa vie professionnelle et sa vie privée. Elle a passé des années sans voir ses amis, sans avoir une relation amoureuse suivie. Il est temps de changer.

Charline en profite pour faire participer Ma P'tite Culotte à lutte contre le cancer du sein, en souvenir de sa grand-mère disparue à cause de cette maladie et en pensant à ses deux amies qui l'ont subie avant même d'avoir trente ans. Elle installe l'entreprise dans un vaste bureau show-room. Située dans un immeuble de bureaux élégant, il est conçu comme une boutique de destination et non de passage pour des clientes désireuses de passer un moment à rencontrer l'équipe dans un univers qui incarne à la fois la marque et son travail.

Charline retrouve son équilibre. Pour elle, la liberté consiste à mener à bien ses projets, à se donner le droit de réaliser ses ambitions. Venir chaque matin à Ma P'titeCulotte lui donne une poussée d'adrénaline et fait battre son cœur. Son besoin de liberté est bien plus intense que son besoin de sécurité. De quoi voir le monde comme un terrain de jeu plein d'opportunités à saisir et à conquérir. S'exposer en première ligne pour se battre est définitivement le trait de caractère de cette guerrière au style de princesse.

Baby-sitter
devenue entrepreneuse

Baby Sittor

Offrir aux parents la possibilité de trouver rapidement une baby-sitter de confiance, y compris le jour même pour la soirée est le premier défi que Pauline de Montesson a résolu en créant la communauté Baby Sittor. Le succès de celle-ci a poussé la jeune femme à un choix crucial : continuer à animer et développer sa communauté ou rester salariée. Pauline a choisi la liberté et répond maintenant avec son équipe aux multiples défis de l'entrepreneuriat.

Une baby sitter surbookée

Arrivée à Paris après ses études, la jeune femme fait du baby sitting pour compléter ses revenus. Elle prend contacts avec les amis de ses frères et sœurs et ainées -Pauline est la petite dernière d'une fratrie de cinq enfants- pour savoir s'ils ont besoin de baby-sitter.

Rapidement, Pauline est débordée, la demande excède ses disponibilités. Elle jongle alors avec les SMS, recommandant ses amies à des familles qui ont besoin d'une baby-sitter en qui elles peuvent faire une pleine confiance, dans un esprit très familial et amical, tout en garantissant un savoir être et une éducation qui leur ressemble.

Un jour, Pauline finit par en avoir assez de pianoter sur son téléphone à chaque demande de dernière minute d'une famille qui a besoin d'une baby-sitter le soir même. En mai 2013, Baby Sittor ouvre un groupe sur Facebook avec une trentaine de membres, tous du premier cercle de Pauline. Grâce au bouche à oreille, le groupe atteint 300 membres en une semaine.

Sur Facebook, les parents postent directement leurs besoins en baby-sitter et ceux-ci leur répondent. Pauline peut laisser les SMS(...) pour se consacrer à la modération du groupe. Quand ceui-ci voit arriver des personnes qu'elle connait moins, la jeune femme voit venir un risque : jusqu'ici, la confiance repose sur le fait que tout le monde se connaît. Elle impose donc un parrainage pour l'entrée dans le groupe, du côté des parents comme des baby-sitter.

Pour ces dernières, Pauline échange longuement avec chacune. Quand elle a un doute, elle les questionne sur leur expérience, leur motivation à garder des enfants. Développer Baby Sittor lui prend ses soirées, ses weekends. La semaine, elle travaille comme chargée de communication chez un courtier en assurances. La communauté continue à grossir rapidement et dépasse les 20 000 membres en 2014.

Faire le pari de la liberté

La jeune femme se retrouve face à un dilemme : d'un côté le travail rémunéré, de l'autre côté sa communauté, gratuite, qui lui prend de plus en plus de temps. Mais Pauline veut être libre d'aller au bout de son projet, de la belle histoire qu'elle vient de créer. Elle en parle donc à sa n+1, dont la fille est un membre de la communauté Baby Sittor, en tant que maman. Autant dire que Pauline trouve tout de suite de la compréhension dans sa hiérarchie. De même avec son Directeur qui la soutient et la pousse à se lancer.

Pauline décide donc de transformer Baby Sittor en entreprise, avec comme objectif d'en faire son métier. C'est donc un enchaînement de circonstance qui l'a conduit à l'entrepreneuriat, pas un plan préétabli. Avec sa formation en

communication et le succès de sa communauté, elle se sent qualifiée pour s'occuper de la communication, du marketing et du développement. En revanche, la jeune femme n'a pas en elle la culture de l'entrepreneuriat et souhaite s'appuyer sur un associé.

Elle échange alors avec un membre de la communauté, Thomas Clamagirand. Leurs conversations finissent par aboutir sur une association pour lancer l'entreprise. La société est créée en mars 2015. Les deux associés sont rapidement rejoints par Maxence Coisne, qui travaillait dans un cabinet d'audit mais avait une forte appétence pour l'entrepreneuriat et la culture de l'indépendance, héritée de son père, lui-même entrepreneur. Les deux garçons se lancent donc dans l'aventure à temps plein, Maxence quittant son employeur.

Pauline est un peu frustrée, elle ne peut les aider que les soirs et les weekends. Il faut franchir un pas et se libérer de son travail rémunéré. Ce qu'elle fait six mois plus tard. Elle rejoint donc Baby Sittor à plein temps en janvier 2016.

Les défis de l'entrepreneuriat

Premier défi : continuer à faire grandir la communauté tout en assurant la satisfaction des parents et des baby-sitters. C'est toujours Pauline qui se charge d'animer et de modérer la communauté, de résoudre les problèmes relationnels, de répondre aux questions.

Deuxième défi, créer une application Baby Sittor. Il ne s'agit pas seulement de suivre la mode des applications. D'ailleurs, en 2016, si les sites internet pour trouver une baby-sitter sont déjà nombreux, il n'existe pas encore d'application, contrairement à aujourd'hui où presque chaque mois en voit une nouvelle se lancer. Pauline et ses associés ont tout simplement constaté qu'un besoin récurrent est celui de dernière minute. Pour cela, l'application est l'interface la mieux adaptée : quand les parents s'inquiètent de trouver une baby-sitter au dernier moment, leur premier mouvement est de passer des appels autour d'eux. Puisqu'ils ont le réflexe de prendre leur téléphone, autant leur fournir une application.

Intégrer l'équipe de développeurs

Si l'idée est la bonne, la réalisation se montrera moins évidente. Baby Sittor travaille d'abord avec un prestataire à distance. Pour un sujet si complexe, ne pas pouvoir se rencontrer est un problème. Il faut huit mois pour arriver à un résultat. La première version de l'application ne correspond pas aux attentes de l'équipe. Et comme Baby Sittor n'est pas un client stratégique de son prestataire, il est difficile d'obtenir les modifications souhaitées.

Les trois associés réalisent que leur mode de fonctionnement ne correspond pas à leurs ambitions. Il faut se donner les moyens de faire une bonne application, conforme à l'esprit de Baby Sittor et à la qualité du service rendu par les babysitter comme par la communauté. Ils décident donc de lever des fonds pour compléter l'équipe avec des professionnels. Cette fois, c'est Maxence qui joue un rôle stratégique, fort de son expérience antérieure dans l'audit.

En février, Baby Sittor réunit des investisseurs, pour la plupart membres de la communauté, qui démontre à l'occasion sa fidélité et sa solidarité. Malheureusement, une erreur de recrutement ne permet pas de transformer rapidement ce nouvel élan. Le développeur recruté pour modifier la première application ne donne pas satisfaction. L'équipe perd ainsi quatre mois.

Elle reprend alors contact avec Martin, un autre développeur rencontré lors de la première ouverture du poste : l'entente avait été parfaite, malheureusement, il n'était pas encore véritablement disponible. Cette fois, il peut venir. Mieux encore, il emmène avec lui Lory, développeur d'iOS. Ils sont ensuite rejoints par Baptiste pour l'application sous Android. Cette fois, il n'est plus question de demi-mesure, mais bien de créer une application à partir de zéro, pour s'assurer qu'elle

corresponde à la fois au besoin et à l'esprit de Baby Sittor. L'application est lancée en avril 2017, avec de bons retours du côté des utilisateurs.

Rapidement, l'application monte en charge et compte maintenant 140 000 téléchargements, à comparer avec les 90 000 membres de la communauté sur Facebook. Les doublons sont nombreux, mais l'objectif de Baby Sittor est de faire basculer les utilisateurs Facebook vers l'application. Il est temps en effet pour Baby Sittor d'entrer dans une phase de maturité. Jusqu'ici le service est gratuit. L'entreprise ne génère donc pas de revenus.

Vers le payant

Déjà mobilisée pour savoir quelles nouvelles villes ouvrir, au fil de la croissance de Baby Sittor, la communauté a répondu pour Nantes, Lilles, Rouen, Bordeaux, Lyon. Mais aussi Londres et Bruxelles. Pauline et ses associés l'ont aussi sollicitée pour le changement de logo. En 2017, c'est la question du paiement d'un abonnement qui est lancé. Un panel de six échantillons est créé, avec au total six mille membres. Le taux de réponse atteint 50%. Les retours valident la conscience des membres de la nécessité pour Pauline et son équipe de dégager des revenus de cette activité. Une bonne partie des parents est prête à payer pour continuer à être mis en relation avec des baby-sitter recommandées par la communauté Baby Sittor.

Reste donc à trouver le bon modèle et lancer l'abonnement payant en 2018. Pour inciter à passer des groupes Facebook à l'application, celle-ci offre des services et des conditions qui ne peuvent être accordés dans le réseau social : quand un membre se connecte sur l'application pour réserver une baby-sitter, il voit tout de suite celles qui résident dans un rayon de 500 mètres de son domicile, un critère très souvent déterminant. Ensuite, grâce à l'expertise en données numériques de Martin, l'application contient un algorithme qui permet de proposer à chacun d'abord les baby-sitters qu'il a qualifiées de

« favoris », puis celles qui ont déjà effectué une garde de ses enfants, enfin celles qui sont les plus parrainées près de chez lui. Autre avantage de l'application : contrairement au groupe Facebook, personne d'autre que les babysitters ne voit les demandes que postent les familles. Cela évite le voyeurisme façon : « *tiens la famille Dupont sort encore ce soir ; ils ont besoin d'une baby-sitter* ».

Parents recherchent parrain

Au passage, Baby Sittor a dû adapter son modèle qui reposait alors exclusivement sur la cooptation : 70% des personnes qui téléchargeaient l'application ne pouvaient pas l'utiliser, faute d'avoir été parrainées par un membre de la communauté. Pour continuer à garantir l'esprit de la communauté, tout en s'ouvrant plus rapidement à de nouveaux membres, Baby Sittor a donc fait évoluer son modèle de parrainage, sur l'application.

Une personne qui s'inscrit sur celle-ci peut rechercher des parrains. Il lui suffit de rentrer les noms et prénoms des personnes qu'elle connaît, en commençant évidemment par celles qui ont des enfants et qui ont recours à des babysitters. Quand ces personnes sont déjà membres de Baby Sittor, leur qualité de membre apparaît. Il ne reste plus au nouvel inscrit qu'à leur demander via l'application de le parrainer. De la même façon, chaque membre du groupe peut décider de parrainer une personne qu'il connaît en faisant une recherche dans ses contacts téléphoniques. Au fil des parrainage, chacun monte dans les cercles de confiance de la communauté.

Baby Sittor se donne ainsi les moyens de continuer à croître en volume. De nouvelles étapes de développement doivent se concrétiser avant que les concurrents ne risquent de dépasser Baby Sittor. Celle-ci a un avantage qui la place au premier rang des applications de mise en relation entre parents et babysitters : sa communauté existait avant la création de l'application et avait déjà atteint une taille critique. Aujourd'hui la plupart des nouvelles applications se lancent

sans disposer d'une communauté développée et vivotent. Mais Baby Sittor doit continuer à croître pour assurer sa pérennité.

Renforcer la présence en ligne et la communication

L'équipe veut ainsi lancer un vrai site internet pour remplacer son site vitrine. L'application ne peut pas donner satisfaction à tout le monde : nombreuses sont les personnes qui continuent à préférer se servir de l'interface d'un site internet. Le contexte de la recherche d'une baby-sitter doit aussi être pris en compte : beaucoup de parents cherchent leur baby-sitter du soir ou des prochaines vacances pendant qu'ils sont au bureau. Spontanément, ils ouvrent une page internet sur leur ordinateur plutôt que de regarder leur smartphone. Il est devenu crucial pour Baby Sittor de développer son nouveau site internet et donc de s'en donner les moyens en continuant de financer son équipe informatique interne.

D'autres étapes vont être nécessaires. Jusqu'ici Baby Sittor n'a fait aucune dépense de communication ni de marketing. L'entreprise s'est contentée de nouer des partenariats. Avec Chauffeur Privé, elle a fait gagner 25 euros de taxi à tous les parents actifs de Baby Sittor. Avec 123 crèches, elle a offert des places de cinéma pour aller voir le prochain film de Vincent Elbaz, Daddy cool. Mais en professionnelle de la communication, Pauline sait qu'il va falloir aller plus loin et consacrer un budget à ce domaine. Il va aussi falloir agrandir l'équipe, améliorer encore le design de l'application, professionnaliser chaque secteur.

Sans regrets

En attendant, la jeune femme ne regrette pas d'avoir choisi la liberté et laissé son travail salarié pour s'occuper à plein temps de son entreprise. Maxence et elle se sont réparti les rôles : lui s'occupe du produit, de l'application, ainsi que de l'administratif, et joue le rôle de couteau suisse pour régler les problèmes qui se présentent. Pauline continue d'animer la communauté : chacun la connaît ou connaît quelqu'un qui la connaît, elle s'occupe des groupes et du service client, anime le tchat et répond aux appels, même le weekend. Même si elle reconnaît qu'il est temps de partager un peu cette permanence téléphonique avec le reste de l'équipe pour enfin lui libérer quelques weekends. Mais quand je lui dis « c'est un problème ! » elle répond spontanément : « non, il n'y a pas de problèmes, que des solutions. » il faut voir son enthousiasme pour comprendre qu'il ne s'agit pas d'une phrase toute faite, mais bien sa conviction.

Car créer son entreprise lui a aussi permis de développer un environnement de travail qui la fait rayonner. Pour elle, son équipe est une bande de copains, avec souvent des passions similaires. Tout le monde déjeune au bureau, Pauline y fait souvent la cuisine. Une activité est programmée chaque mois : escape game, sortie aux étangs de Cergy, soirées au bureau, le tout pour assurer une ambiance conviviale, et dénouer les tensions. L'état d'esprit diffère ainsi des grandes entreprises, avec une plus grande spontanéité : si quelqu'un veut travailler un jour depuis chez lui, il suffit qu'il le dise. Une partie des locaux est sous-louée à des free-lance, ce qui ouvre l'équipe sur d'autres idées, d'autant plus que ses bureaux sont situés dans un immeuble du Sentier rempli de start-up.

Pauline a les yeux qui brillent, sa liberté de jeune entrepreneuse est un motif d'excitation pour elle, bien consciente que tout le monde n'a pas cette chance. Elle découvre des choses nouvelles chaque jour, se donne de nouveaux objectifs. Elle éprouve sa liberté en n'étant pas cantonnée dans un rôle étroit, mais en bougeant tout le temps, en passant d'une problématique à l'autre. Ce qui est amusant, c'est de la voir évoquer les importantes difficultés à venir sans s'en formaliser et par ailleurs, de s'enthousiasmer à l'idée de développer Baby Sittor auprès de l'importante communauté de Français expatriés à Londres. Une attitude qui révèle le fruit issu du couple liberté-entrepreneuriat : l'envie de toujours créer et développer.

LIBRES

Le coaching opérationnel en ligne

MoovOne

Quand l'esprit de liberté et d'autonomie souffle dès le début de l'éducation, il est difficile de se contenter d'un rôle de salarié. Hugo et Axel Manoukian se sont ainsi appuyés sur la culture familiale pour créer leur société, accompagnés de leur père. Expérience croisée de deux générations qui apportent chacune leur compréhension du monde pour renouveler la formation continue des cadres, pour leur apporter les bénéfices des méthodes du coaching tout en privilégiant l'opérationnalité et donc l'action.

L'autonomie dès l'enfance

Alain et Brigitte Manoukian souhaitaient que leurs deux fils, Hugo et Axel deviennent des adultes autonomes et épanouis. Les deux frères commencent donc leur scolarité dans une école Freynet. La pédagogie privilégie l'autonomie et le libre choix du moment de l'apprentissage par les enfants. Les deux garçons y développent leur curiosité sans brider leur énergie. Au collège, tout change. Le programme, c'est de faire de bonnes études, direction donc un établissement catholique d'Aix-en-Provence, à quelques dizaines de kilomètres de la maison familiale. Changement d'ambiance et de style : un encadrement fort, des règles, des codes sociaux. Le choc est rude. L'autonomie terminée. Hugo se souvient encore du jour où il a enfin eu un scooter et a pu retrouver un peu de souplesse, ne plus avoir besoin de solliciter ses parents pour le moindre déplacement, ni tout prévoir à l'avance.

Côté scolaire, il se fait une raison : l'enfance était terminée, et sans doute, ce monde très normé du collège un reflet de la vie d'adulte qui l'attend. Il rentre dans le rang, obtient de bons résultats. Surtout dans les domaines scientifiques. Il ne sait pas vraiment ce qu'il veut faire plus tard, mais le modèle familial le pousse vers le monde de l'entreprise. Avec un père ingénieur commercial, Hugo voit le commerce comme un état d'esprit où l'on cherche à satisfaire les besoins des clients en mettant en œuvre des produits ou services qui peuvent être complexes.

Ne pas se fondre dans le moule

Hugo intègre donc l'ESC Bordeaux. Extraverti, il participe au Bureau des Elèves, pratique les sports de l'extrême. La recherche de sponsors lui apprend la réalité du terrain : passer vingt appels en une heure à des personnes indifférentes. Son côté joueur lui apporte la résistance nécessaire contre le découragement. Pendant la scolarité, il passe un an chez un opérateur téléphonique. Le voilà qui découvre le monde de la grande entreprise, avec les jeux de positionnement des uns et des autres. Il essaie d'abord de s'intégrer à cet environnement, puis il se sent étouffé par ce système : il n'y trouve ni reconnaissance du mérite des salariés, ni écoute du client. A la cafeteria d'entreprise, il a l'impression d'être un numéro. Le parvis de La Défense et ses milliers de cols blancs s'engouffrant dans le métro lui donne le vertige. Hugo ne se voit pas dans cet avenir.

Il profite donc de l'opportunité des échanges universitaires pour aller étudier en Inde. Puis enchaîne après son diplôme sur un voyage qui le mène jusqu'en Australie. Quand il n'a plus que 200 dollars en poche, il trouve un travail de serveur dans un restaurant tendance. Il s'accroche, ne comprend pas tout mais persévère. L'expérience est formatrice. Il est temps de rentrer.

Le challenge avant tout

En France, Hugo envoie son C.V. à des entreprises de services. Bien qu'il ne soit pas ingénieur, son caractère intéresse Alten qui lui propose une mission dans le domaine de l'aéronautique et de la défense. Le cadre est très large : repérer des opportunités pour placer des ingénieurs de recherche et développement dans des entreprises du secteur.

Hugo découvre un monde avec une forte dimension technique et des projets de haut niveau : drones, appareils d'appontages, éléments du Rafale... son allant commercial fait merveille. Il est à l'aise pour découvrir le besoin client, argumenter et vendre la mission. Un peu moins pour le suivi. Le voilà bien rémunéré pour envoyer des ingénieurs, souvent bien plus âgés que lui, dans des entreprises un peu partout sur la planète, jusqu'en Malaisie. Le salaire est confortable et Hugo passe quatre très bonnes années dans cette mission.

Puis vient le temps de l'essoufflement. Finalement, le travail est simplement cyclique : détecter l'opportunité, formuler le besoin, convaincre le client, envoyer l'ingénieur en mission, clôturer la mission, puis tout recommencer. Hugo n'y voit plus de challenge intellectuel, de difficultés à résoudre.

Créer en famille

Noël 2013, Alain, Hugo et Axel bavardent au ski. La conversation roule sur le travail. Hugo fait part de sa lassitude. Il regrette que la posture adaptée ne soit pas toujours la bonne, ni envers le client, ni envers l'ingénieur. Pour lui, c'est du gâchis, humain d'abord, économique ensuite. Alain, qui est devenu coach entre temps, reconnaît que les personnes qui utilisent ses services sont au départ souvent dans des situations bloquées. Mais que le coaching permet de les faire évoluer, de les libérer. Axel, qui est le plus fonceur des trois, les ramènent sur terre : « *d'accord, le coaching, c'est sans doute bien, mais à l'heure du digital, se déplacer pour un rendez-vous d'une heure qui coûte un bras, c'est mort ! c'est pour une petite élite, ça ne résout pas le problème d'ensemble.* » L'idée continue de germer dans leurs esprits. De retour le soir, les voilà qui commencent à plancher. La solution leur semble évidente : il faut démocratiser le coaching et pour cela, le faire par Skype. Pas question de le déshumaniser en mettant un robot, mais il faut réduire coûts et contraintes. Comme leurs trois esprits sont tournés business, ils cherchent à identifier le marché et la proposition de valeur. Ils sont tous partants. Ils ne l'avouent pas, mais c'est sans doute le moment où ils ont rêvé de construire une start-up qui décolle vite, se fait remarquer et se revend en millions d'euros. Ils déchanteront plus tard.

Pour l'instant, ils se mettent d'accord : ils vont créer l'entreprise ensemble et se donnent jusqu'à juin pour se libérer de leurs emplois respectifs et lancer la société. Axel revient d'une expérience à Hong-Kong où il a créé à 23 ans une entreprise, sur commande d'une grosse fortune, après un master réalisé en un an aux Etats-Unis et un an au Canada. Il est alors dans une entreprise du cloud qui se donne l'image d'une start-up tout en étant la réunion d'experts ayant réussi une levée de fonds qui les place dans une situation très confortable.

Ce n'est pas vraiment le modèle que vont suivre Alain et ses deux fils. Le travail en famille ne leur fait pas peur. Les parents ont toujours sollicité et entendus les avis de leurs enfants et Hugo et Axel se sentent libres de tout dire à leur père et entre eux, confortés par leur respect et leur amour mutuel.

La création d'entreprise comme une évidence

Ils ont pris le temps de se dire les choses du passé qu'ils avaient gardé sur le cœur et sont prêts à démarrer un nouveau chapitre de l'histoire familiale. Chacun entre alors dans un autre monde. Ils ont l'impression que tout leur chemin de vie les a menés à cette expérience. Aucun n'avait formalisé auparavant l'idée de créer une entreprise, tout en ayant chacun en tête la volonté d'aboutir à son propre projet, en ayant conscience de son propre potentiel. Cette fois, les conditions sont réunies.

Hugo reconnaît maintenant qu'il ne réalisait pas son nouveau statut les premiers jours. Content d'avoir quitté son emploi, il se demande parfois s'il n'a pas juste rêvé, s'il a fait le bon choix. C'est peut-être ce qui le retient de rentrer pleinement dans son nouveau rôle. Il continue à mettre des cravates pour aller à ses rendez-vous, comme un manager modèle. La mue prend six mois.

Trouver la vraie cible

L'entreprise vise le marché des particuliers. Mysuccess.fr est une plateforme qui propose du coaching en ligne. Son offre vise trois publics : les étudiants, les demandeurs d'emploi, les salariés en transition. Le lancement officiel a lieu en octobre 2014. Des missions sont réalisées, mais dès décembre les trois fondateurs réalisent que la tendance n'est pas satisfaisante. Ils pensent qu'il leur manque de la maîtrise sur certains aspects. En mars, c'est la crise. Les résultats ne sont pas au niveau des points de passage. Les discussions sont vives. La famille Manoukian se dit tout. Face au manque de succès envers le grand public, ils sont allés voir les entreprises. Certaines ont été convaincues, bien que l'offre ne leur soit pas franchement adaptée. Alain a essayé de sauver les meubles en vendant des prestations traditionnelles de coaching, avec des conférences et des formations en salle. La plaquette a perdu en cohérence ce qu'elle a gagné en élargissement de l'offre. L'entreprise n'a plus d'ADN propre.

Les trois hommes sont épuisés et déçus. Leur énergie a été dépensée en vain. La tentation d'arrêter est forte. Le lien familial, la fierté prennent le dessus : « *Ce que nous faisons ensemble ne peut être un échec.* » se disent-ils. Ils réfléchissent tous les trois à leurs erreurs, à ce qui a éloigné leur projet de leur cœur de compétence et d'appétence. La cible choisie n'est pas la leur. Ils sont habitués à travailler avec des entreprises, pas à faire de l'acquisition de clients avec des annonces payantes. Le vrai consommateur du coaching, c'est l'entreprise.

Changement de cible, changement de nom, le nouveau projet s'appelle MoovOne, un accompagnement en ligne à destination des managers et des cadres en entreprise. L'idée centrale est de proposer un accompagnement qui comprenne à la fois de la formation, donc avec un contenu et du coaching, donc avec des objectifs et une mise en action. Au-delà du marché du coaching de dirigeant, il s'agit de s'attaquer au plan de formation des managers, un marché immense qui a besoin d'être dépoussiéré. Au passage, Alain, Hugo et Axel savent d'autant mieux de quoi ils parlent qu'ils ont été chacun manager, avec des formations de départ et des expériences différentes. Ils ont donc été eux-mêmes confrontés aux problèmes qu'ils s'offrent à résoudre.

Un nouveau modèle payant

MoovOne repose sur quatre piliers. Une méthodologie qui mixe donc la formation et le coaching pour atteindre l'efficacité individuelle. Les coûts se rapprochent de ceux de la formation, pour démocratiser l'offre, mais le travail se fait en individuel, pour privilégier l'interaction, la qualité et l'effectivité. La communauté de coach est fédérée par Alain, qui a alors plus de dix ans d'expérience dans le domaine. Les coachs choisis doivent être certifiés. MoovOne leur apporte ensuite un complément pour faire évoluer leur pratique vers les outils de formation. La communauté de coachs met en commun des bonnes pratiques pour créer les fiches qui alimentent la sphère pédagogique de MoovOne. L'outil de connexion est une plateforme qui permet à chacun de s'inscrire, de choisir son coach, de choisir ses créneaux horaires et d'accéder aux ressources mises à disposition. Enfin, Moovone monte des programmes de formation et coaching thématiques, comme celui dédié au leadership féminin, qui comprend un accompagnement du N+1.

Les modules prennent le nom de coaching opérationnel. Organisés en sept séances d'une heure, rythmées tous les quinze jours, leur coût s'élève à 2 000 euros, soit beaucoup moins que du coaching traditionnel. Ce qui permet réellement

aux entreprises clientes d'en faire bénéficier leurs différents niveaux de managers. Ceux-ci disposent sur la plateforme de différents outils pédagogiques et de tâches à accomplir entre deux séances. L'objectif est de maximiser l'efficience des séances : chaque minute passée en face à face en ligne doit être productive.

Avec ce nouveau modèle, la différence se fait vite sentir. Le lancement a lieu en septembre 2015. Sur les trois mois qui suivent, le chiffre d'affaires triple par rapport à la même période un an plus tôt. L'accélération se poursuit en 2016 avec un fois six, puis en 2017, avec un fois deux, pour atteindre le million d'euros. Suffisant pour retrouver le sourire et l'ambition. Objectif en 2018 : faire deux millions d'euros de chiffre d'affaires.

Une croissance rapide

Hugo retrouve plus de plaisir dans l'activité : en visant les entreprises, il se met à nouveau à faire son travail de recherche et de compréhension du besoin. Les clients sont des grandes entreprises françaises qui veulent moderniser la formation de leurs managers et les faire progresser dans leur action quotidienne. Très vite, un puis plusieurs clients demandent si MoovOne intervient à l'international. Après une réflexion sur le potentiel que représente les effectifs de managers des groupes français internationalisés, l'équipe se lance sur ce nouveau marché. Elle conserve les coachs francophones et s'agrège des anglophones, des hispanophones et s'ouvre aux autres langues en fonction des besoins. Au point de compter en 2017 autant de coachs à l'international que sur le marché français.

Encore récente, l'entreprise évolue rapidement du fait de sa croissance. Elle compte maintenant quatorze salariés, en plus des coachs qui sont payés à la mission. Hugo reconnaît que le recrutement est un art difficile. Que quelques erreurs ont été commises, avec des personnes qui n'étaient pas alignées sur le projet. Que commençait alors à s'installer une distance entre fondateurs et salariés. Ce n'est pas l'esprit dans lequel la famille souhaite travailler. Si Alain travaille à distance, Hugo et Axel sont présents au quotidien.

Axel est tellement fonceur qu'il s'était saisi de beaucoup de sujets pour que MoovOne avance plus vite. Mais il montrait parfois des signes de saturation. Les deux frères ont donc décidé de se répartir plus clairement les rôles, pour mieux structurer la société. Axel dirige le marketing et le commercial, Hugo s'occupe du produit, de l'administratif et du financier. En plus de la rationalisation, l'idée c'est que chaque membre de l'équipe ait pour référent l'un des deux frères. Quand quelque chose va mal, ces deux derniers s'expliquent franchement puis adoptent une position commune pour résoudre le problème.

Ils animent ainsi leur entreprise avec une culture qui transpire de leurs personnes : un esprit tourné vers les projets et le plaisir de les mettre en œuvre, le sourire ; l'engagement, avec la certitude que cette dimension est dans les gènes des personnes : chacun doit arriver le matin avec son envie, sa motivation ; le respect du client et des délais et enfin le fait d'aller au bout des choses. Chacun peut se tromper, puis en tirer la leçon. Hugo et Axel sont aussi là pour prendre sur eux et ne pas laisser un membre dans l'équipe dans l'échec. Mais ce qu'ils ne supporteraient pas, c'est que quelqu'un renonce au milieu du chemin.

Les deux frères ont compris qu'avec la hausse des effectifs, leur rôle a changé. Ils doivent veiller à ce que l'ensemble continue à aller dans la même direction. Ils sont là pour poser un cadre commun à l'intérieur duquel chacun doit se sentir libre. Ils arrivent maintenant à un point clé, où ils doivent se donner les moyens de reprendre un peu de recul, donc continuer à étoffer les équipes : des commerciaux pour que Axel pilote vraiment l'action commerciale au lieu d'être aussi l'un des commerciaux de sa propre équipe, un assistant (office manager) pour que Hugo ne soit pas débordé par le quotidien de l'administratif. Cette distance est nécessaire pour regagner leur liberté et développer leur vision stratégique de l'entreprise.

Garder son indépendance et sa liberté

Le marché potentiel est colossal. MoovOne s'appuie pour l'instant sur cinquante clients grands comptes. Certains lui ont confié le coaching opérationnel d'une cinquantaine de managers alors qu'ils en ont des dizaines de milliers dans le monde. La concurrence viendra, mais pour l'instant, l'important c'est de montrer aux responsables R.H. les bénéfices qu'ils peuvent tirer de cette méthode, notamment en faisant un pas de plus en direction de l'assimilation des pratiques digitales par l'entreprise. Alors Hugo et Axel, avec leur jeunesse assumée, évoquent l'omniprésence du digital dans l'environnement des salariés jusqu'à la maison. Dans ce contexte, une plateforme et ses outils, combinée avec des visioconférences a plus de chance de les séduire que la perspective d'aller s'enfermer deux jours dans une salle de formation.

Avec sa combinaison de formation et de coaching, MoovOne a commencé à se créer un marché. L'entreprise est en pleine croissance et rentable. Ce qui apporte de la liberté à ses fondateurs : pas besoin de s'adosser à un fonds pour croître. Ils gardent ainsi la maîtrise totale de leur entreprise, comme de ses objectifs. Leur liberté de penser permet de passer d'une innovation digitale à un véritable progrès pour les utilisateurs. Ils ont oublié le rêve d'une soirée, de devenir vite riches en créant une start-up rapidement revendue, mais ils ont gagné en échange une véritable liberté et une maturité qui fait déjà dire à Hugo que la prochaine étape consistera à vivre la mue d'entrepreneur à dirigeant.

Jusqu'au bout dans l'objectif

Bifivecity.com

« *J'ai mis dix ans pour être connu du jour au lendemain* ». Cette phrase que lui a dit Yves Jamet, conteur bourguignon est restée gravée dans l'esprit de Sandrine Mulas. Choisir de devenir photographe en habitant à la campagne sur le plateau de Langres ne pouvait pas la mener au succès instantané. Mais son esprit d'entrepreneur lui disait aussi que comme son ami conteur, elle allait travailler chaque jour pour construire sa réussite et qu'un jour, celle-ci changerait de dimension par un événement ou une rencontre. Ce qui est en train d'arriver.

Née à Lyon, Sandrine est l'une des deux filles d'un couple modeste. Avec un père qui aimait dessiner mais qui, pour nourrir sa famille, a arrêté de vendre ses dessins sur le marché pour devenir dessinateur industriel et une mère ayant réussi un concours des impôts, malgré son handicap auditif et la nécessité d'être appareillée des deux oreilles. Les caractères de la famille sont bien affirmés : le père conservant sa curiosité d'artiste, la mère représentant la rigueur. L'obligation aussi de s'exprimer clairement pour qu'elle comprenne, de ne pas mettre sa main devant sa bouche, de parler en regardant son interlocuteur dans les yeux pour lui faciliter la compréhension de la parole par l'expression du visage. Sandrine, l'aînée des deux filles est fantaisiste, ne travaille pas à l'école, quand Caroline est cadrée est structurée, devenant comptable par la suite.

La reine du basket

Sandrine est repérée à dix ans par Philippe Szanyiel et André Gilles, recruteurs de l'ASVEL, le club de basket le plus titré du championnat de France, qui écument la région à la recherche de nouveaux talents. Pas le genre de fille aux jambes infinies destinée à régner dans la raquette, Sandrine est vive et créative, dispose du sens de l'écoute, de l'équipe. Les qualités idéales pour le poste de meneuse. Les parents aimeraient qu'elle travaille plus à l'école mais sont fiers de sa réussite.

Dès le lycée, son emploi du temps est aménagé : cours le matin, entraînement au lycée, puis entrainement avec le club le soir. Soit quatre heures de basket chaque jour de la semaine. Elle est indemnisée dès l'âge de seize ans et obtient donc le statut pro. Côté études, chacun la pousse vers le baccalauréat B : « *avec ta tchatche, tu vendrais des glaces à un eskimo* ». Cela tombe bien parce que la concentration que demandent la littérature ou les sciences dures, ce n'est pas pour elle.

Sandrine rate son bacccalauréat et déconcerte ses parents en leur disant qu'avec son année d'avance, elle était trop jeune. Un an plus tard, le baccalauréat obtenu, elle choisit son université en fonction du basket. La voilà donc à Lyon III sur le campus de Villeurbanne, en... droit. Elle se rate deux fois. En revanche, elle est championne de France universitaire, troisième du championnat d'Europe et cinquième du championnat du monde. Avec la section féminine de l'ASVEL, devenue indépendante sous le nom d'ASV, elle participe à la coupe d'Europe, comme remplaçante.

Si les filles sont sous-payées par rapport aux garçons qui ne gagnent pas encore les sommes d'aujourd'hui, ces derniers sont solidaires. Ils viennent encourager les filles, qui jouent à l'époque dans des stades presque vides, le sport féminin n'étant pas médiatisé. Sandrine sympathise alors avec Grégor Beugnot et Jimmy Vérove, entre autres. Ce n'est que vingt ans plus tard qu'elle réalisera la différence entre ce milieu du sport avec ses amitiés à vie et celui du spectacle, règne de l'apparence et du présent.

Retour à la réalité

Après ses deux échecs en faculté de droit, sa mère lui rappelle avec réalisme qu'il faut faire quelque chose d'autre que le sport pour vivre. Et chacun de lui rappeler sa nature qui devrait la pousser vers le commerce. Sandrine choisit donc de faire un B.T.S. action commerciale. Dans le public, son dossier est rejeté. Il faut donc aller dans une école privée. Et pour être sûrs qu'elle va se concentrer sur ses études, ses parents lui demandent de les financer elle-même. Sandrine prend donc un crédit étudiant et obtient son B.T.S. d'autant plus facilement que les cours plus pratiques et les enseignants, qui la traitent comme une adulte et future professionnelle, l'intéressent beaucoup plus que ceux du lycée ou de la faculté de droit.

D'insolente, elle devient curieuse. Au point de faire une troisième année, avec une option commerce international. Alors que tous ses camarades prennent l'espagnol comme seconde langue, elle choisit l'italien. C'est la langue de la nounou de sa sœur, qui est aussi la gardienne de l'immeuble, avec laquelle Sandrine aimait à aller discuter chaque jour en rentrant de l'école. C'est donc un choix du cœur, et un besoin de se distinguer, qui l'oblige à prendre des cours par correspondance. Elle passe ainsi son oral en préparant... un écrit.

Le goût de la vente

Pour rembourser ses études, elle choisit un métier qui lui permet de continuer le basket : télévendeuse de fournitures bureaux pour un grossiste qui fournit les professionnels, bureaux et magasins. Elle vient tôt au travail et repart tôt pour aller à l'entraînement. Elle est alors la meneuse numéro un de l'équipe. Elle n'accède pas pour autant à l'équipe de France. Côté travail, elle obtient d'excellents résultats : d'abord en faisant rire ses clients : *« je vous fais livrer deux palettes ! comment ? ça ne loge pas dans le magasin ? c'est pas grave, vous les vendrez dans la rue ! »* Ensuite en mettant en avant ce qui va les aider à revendre les produits.

Sandrine leur fabrique d'une certaine façon leurs discours commercial, qui permet de vendre de plus grandes quantités et donc de gagner plus d'argent. Enfin, contrairement à certains de ses collègues, elle ne cherche pas à placer les produits qu'elle trouve nuls. Sandrine ne voit pas à court terme : gagner des bons d'achat ou des primes ne lui servira à rien si ses clients lui disent : « *je n'ai rien revendu de ce que vous m'avez vendu.* »

Sa réussite est telle que son responsable l'envoie sur le terrain, avec comme secteur une partie de Lyon. C'est l'époque où les bar-tabac sont tenus par d'anciens salariés d'industrie qui ont utilisé ainsi leur prime de licenciement. Pas vraiment son public préféré, question de mentalité. Heureusement, il y a aussi des maisons de la presse et des papeteries, notamment de grandes enseignes. Le marché n'a pas encore été cassé par les discounter qui offrent des cafetières aux secrétaires pour leur faire acheter les produits de bureaux. Et l'informatique n'a pas encore tué le papier qui se vend par palettes de ramettes pour la moindre entreprise.

Sandrine gravit encore un échelon, elle devient directrice commerciale et dirige une équipe de cinq commerciaux. Avec son expérience du sport de haut niveau, au poste de meneuse en plus, elle est le manager idéal : elle écoute les consignes, comme elle écoute celles de son coach, fait en sorte que l'équipe les applique tout en se sentant bien dans l'action.

Maudit genou

C'est justement du basket que va venir la première rupture dans sa vie. Celle de ses ligaments croisés. Elle se cumule avec une fissure du ménisque qui ralentit sa rééducation. Son employeur ne lui en tient pas compte, il connaît son sérieux, et de toute façon, elle travaille au téléphone pendant ses jours d'arrêt maladie. Son club a besoin d'elle. La seconde meneuse fatigue. Le médecin donne son accord. Sandrine n'est pas en confiance. Elle craint une seconde blessure. La première lui a

déjà donné des douleurs atroces. Dès le premier match, tout bascule : genou cassé. Douleur immense. Opération d'urgence. Des mois plus tard, Sandrine essaiera de reprendre le basket. En vain. A vingt-six ans, une page de sa vie se tourne.

Quitter le sport sur une blessure, c'est se sentir déjà vieux, rejeter par dégoût une part jusque-là essentielle de sa vie. Elle ne regarde même plus les matches et déprime. Son mari lui souffle qu'il est temps d'avoir un enfant. Pas encore sortie de sa déprime, elle prend vingt-six kilos pendant sa grossesse. Puis la vie reprend le dessus et Sandrine son poste. Quatre ans plus tard, lassés des produits qu'elle vend et n'arrivant pas avoir de second enfant, elle décide de changer de travail. Elle devient commerciale d'une entreprise qui vend des aires de jeux pour enfants aux collectivités. Et tombe enceinte dans la foulée. Voyant en elle un bon élément, son employeur confirme tout de même sa période d'essai.

Le changement de vie viendra d'ailleurs. Son mari reçoit une proposition d'embauche qu'il ne peut refuser. Le couple qui venait juste d'acheter une maison déménage et part sur le plateau de Langres. La conseillère de Pôle Emploi est ravie de voir arriver dans son secteur une commerciale de son niveau, qui va pouvoir apporter sa valeur ajoutée à une entreprise locale. Elle déchante quand Sandrine dit qu'elle ne veut plus de cela, mais qu'elle veut devenir... photographe. « *Mais vous n'avez pas votre CAP de photographe* » ne peut s'empêcher de répondre la conseillère.

Une artiste se révèle

C'est vrai, mais Sandrine a beaucoup plus que cela. Un oncle, le frère jumeau de sa mère, qui lui a fait rencontrer des artistes, sculpteurs et peintres, dès son enfance. Et aussi, la pratique de la photo, avec son père, à l'époque des argentiques et des réglages manuels. Donc une vraie connaissance de la technique photo et un œil aiguisé par les discussions avec des artistes. Là où sa mère ne trouvait que des ateliers « déguelasses » Sandrine voyait tout un univers, loin de l'école, comme du basket. Le sculpteur Patrice Badiou, qui sculptait de grands totems de bois avec du cuir et du cirage, lui a appris à attendre le bon moment, celui où le soleil par une fenêtre éclairait la pénombre de son atelier.

C'est ainsi qu'elle s'est familiarisée à la lumière, aux volumes, à écouter, lors de toutes ses vacances scolaires. Ces artistes lui ont appris à vivre l'instant présent et surtout l'instant de la création. Elle l'a vécu récemment, à Londres, en montant au sommet du Shard. Le cœur enivré par la vitesse de l'ascenseur, le corps mordu par le vent froid d'une soirée d'octobre et en même temps, le soleil qui commençait à se cacher, déclenchant un incendie sensoriel. Sandrine ne sait plus alors si son corps vibre parce qu'il a froid ou parce qu'il s'émerveille. Si c'est bon ou si c'est mauvais. A quatorze ans, l'un des artistes qu'elle rencontrait lui disait qu'il fallait rechercher cet instant, le point de rupture, cette suspension du jugement, équivalent à l'orgasme, juste avant de retomber. Il ne s'agit pas de jouer avec la vie, de se mettre en danger, mais de jouer avec les émotions. Il faut se pousser jusqu'au moment où l'on ne sait pas si l'on aime ou si l'on aime pas ce que l'on fait, celui où l'on sort de l'analyse et que le doute est aussi une excitation.

Plongée dans la photographie

Ses amis sculpteurs lui apprennent aussi la notion du hors cadre. Pour eux, la sculpture est différente selon l'endroit où l'on choisit de la placer. Pour elle, dans la photo, la question est « qu'*est-ce-que tu mets, qu'est-ce-que tu ne mets pas dans le cadre ?* » Faute d'entreprises là où elle habite, Sandrine se met à proposer ses services lors des mariages. Mais l'activité ne dure que les deux mois d'été chaque année. Elle choisit donc de se former pour devenir guide de terroir. C'est aussi une façon de renouer avec ses racines sur la terre dont ses parents sont issus. Elle découvre le patrimoine rural bâti, apprend à lire les façades, à en déterminer l'époque de construction rien qu'en les regardant, mais aussi leur usage, les us et coutumes et les gens qui habitaient dedans.

Son oncle, qui entre temps a réussi dans l'industrie, lui passe une commande : réaliser avec un autre photographe les portraits des personnes âgées du canton. C'est l'épicière, qui fait la tournée des villages et hameaux qui l'accompagne et fait ouvrir les portes. Pas question de photographier tout de suite, il faut d'abord gagner la confiance. Sandrine en profite pour recueillir les histoires, mais aussi les contes du pays. Le livre est édité par un éditeur local et s'appelle *Rives Blanches*.

En parallèle, Sandrine organise des visites de villages avec l'office du tourisme et un spectacle de contes, avec une version pour enfants et une autre tout public. Elle réussit à réunir jusqu'à trois cents personnes. L'expérience dure trois ans, pendant lesquels l'activité de photographe de Sandrine prend de plus en plus d'ampleur.

Une rencontre ... et un défi

Mais c'est une rencontre fortuite qui lui donne une tout autre dimension. A la fin d'un spectacle dans le village Salive, le responsable de la salle lui demande : « *veux-tu rencontrer Jean-Louis Murat ?* » Sandrine, enthousiaste et intimidée bredouille un « *oui* ». Le chanteur vient en résidence au village pour préparer un spectacle dans une salle parisienne. Pas question de lui révéler dès le début que Sandrine est photographe, car le musicien ne les aime pas.

Cependant, lors d'une soirée, le directeur de la salle de Salive montre au chanteur attaché à ses racines auvergnates le livre de Sandrine sur les personnes âgées. Celui-ci dit à Sandrine : « *tu es photographe en fait ! tu peux photographier mon travail, mais sans me déranger : je ne dois ni te voir, ni t'entendre.* » Le défi relevé et le chanteur séduit par les photos, il lui propose de photographier le spectacle donné au village en préparation du concert parisien. En l'absence de fosse, Sandrine se retrouve à ramper toute la soirée. Le chanteur utilise les photographies pour sa communication. La rémunération de Sandrine arrive plus tard : elle est contactée par des maisons de production et tout l'écosystème de la musique.

Quatre années à côtoyer les étoiles

De 2010 à 2014, Sandrine voit son activité professionnelle décoller dans le monde de la musique. Elle travaille alors
pour Benjamin Biollay, de Palmas, Lenny Kravitz, Black eyed
Peas. Ce sont quatre années de bonheur, de travail intense, de
rencontres. Elle travaille pour des agences de presse, fait les
photos des concerts, les dossiers de presse, les couvertures
d'albums. Deux phénomènes emportent par la suite ce marché : Avec la disparition du vinyl et du CD, les images nécessaires changent de format, se réduisent au format informatique,
ne nécessitant plus la même qualité de résolution. C'est à ce
moment que des photographes amateurs offrent une nouvelle
solution à l'industrie musicale : des clichés gratuits en échange
de places au premier rang des concerts pour prendre les photos. Ces amateurs se vantent ensuite sur leur blog ou entre
amis d'avoir fait les photos de tel ou tel concert.

Sandrine travaille donc ensuite pour les entreprises
qu'elle a rencontré dans ce milieu, dont les chaînes de télé, notamment lors des événements. Là, elle réalise rapidement qu'il
s'agit d'une impasse dans la mesure où ses clients négocient
fortement les prix, tout en « oubliant » régulièrement de la payer.
Au point de recevoir des appels de sa banquière qui la met en
garde sur ses découverts.

Du noir vient la lumière

Sandrine n'est pas du genre à se laisser abattre. Elle a
fait beaucoup de photos au cours de ces années, se sentant
libre depuis qu'elle a déménagé à Paris, de faire des photos
pour alimenter son book, faire des séries sans attendre de commandes. Un incident un weekend à la campagne est à l'origine
de l'un de ses projets. Ayant essayé d'allumer sa chaudière à
bois pendant près d'une heure, elle croise un étrange reflet dans
le miroir : celui d'une femme fatiguée, aigrie. Elle demande à sa
fille aînée de l'aider à prendre la photo.

Le résultat est décevant. La photographie ne traduit pas l'état d'âme identifié dans le miroir. Sandrine prend donc du cirage, se l'applique sur le visage jusqu'au moment où elle obtient l'effet désiré. Sandrine teste ensuite la recette sur sa sœur. Plus tard, un maquillage noir remplace le cirage. Elle laisse chaque personne « travailler » son visage sur le thème : « T'es toi ». Elle fait la photo, puis demande à chacun de lui envoyer le mot qui lui vient à l'esprit en la voyant. Un premier livre a été édité par les éditions Pythagore à 499 exemplaires numérotés signés.

Le déclic

Cette activité purement artistique lui a déjà valu de gagner trois concours, avec d'autres œuvres. Elle a aussi été exposée dans le cadre des nuits blanches sur le thème des « toits de Paris ». Tout s'est fait en un clin d'œil : elle réalisait un reportage photographique dans une galerie d'art. Le propriétaire de celle-ci lui dit que le regroupement de galerie va exposer des photos pour la Nuit blanche et qu'il manque trois photographes. Sandrine demande le thème et assure qu'elle a des photos. Il faut les soumettre aux galeristes qui vont prendre la décision le dimanche matin.

Elle sort de ce rendez-vous avec un objectif : faire les photos qu'elle a dit, au culot, qu'elle avait faites ! C'est jeudi soir, elle lance tous ses contacts à la recherche d'un toit accessible. Le lendemain, il pleut toute la journée. Sandrine monte en fin d'après-midi sur le toit d'un immeuble en construction avec un contact de contact, un jeune homme qu'elle n'a jamais vu. Elle a le vertige, lui demande de la retenir. Rentrée chez elle, Sandrine regarde ses photos : elles sont belles, seulement belles, comme une chanson d'amour déjà entendue. Pas de quoi être sélectionnée.

Sandrine cherche alors le fameux point de rupture, la sensation qu'elle a vécue : elle se souvient d'une envie de vomir, du vertige, de l'impression d'être attirée par un tourbillon. Cela lui rappelle le syphon de la baignoire de son enfance qui la terrorisait : sa mère, pour la faire sortir plus vite du bain, lui disait que le tourbillon allait l'aspirer. Elle retravaille donc ses photos pour faire apparaître ce tourbillon.

Elle envoie le résultat le samedi soir. Son projet n'est pas seulement retenu. Une galerie expose ses photos pendant un mois. Depuis Sandrine parcourt les grandes villes, Paris, Londres, Rome, reproduisant le même regard en tourbillon, parfois abstrait, parfois réaliste. L'un de ses amis lui a parlé des Big Five : les cinq animaux d'Afrique forts et faibles à la fois, car menacés de disparition. C'est le même regard qu'elle porte sur nos mégapoles : fortes au point d'attirer les hommes et de décupler leur énergie, faible face aux catastrophes naturelles, au terrorisme et aux crises économiques.

De chacune elle retient cinq éléments qui caractérisent la ville : des harmonies de couleurs, un lieu emblématique... et le projet se nomme ainsi bigfive.city. Son travail a été remarqué par une entreprise allemande de distribution d'image à laquelle Sandrine a cédé ses droits pendant trois ans sur deux photos illustratives de chaque ville. Elle expose au Carrousel du Louvre, le jour est sans doute venu qui va la faire connaître du jour au lendemain.

La liberté de voyager

GuestToGuest

Une start-up française rachète sa concurrente américaine et conforte son rang de leader mondial : Voilà le genre de *Une* de journaux qui donnerait des raisons de croire en l'économie nationale. C'est arrivé en 2017, quand GuestToGuest a racheté HomeExchange.com moyennant une mise de 33 millions d'euros. Illustration de la capacité à créer de nouveaux espaces de liberté grâce à l'économie de partage, GuestToGuest est aussi une belle réussite entrepreneuriale.

Car non contente de se développer plus vite que sa devancière américaine, GuestToGuest a aussi réussi à lever plus de fonds. La cadette, déjà trois fois plus grande que son aînée, a ainsi pu la racheter.

S'adresser au grand public

Une des raisons du développement plus rapide de GuestToGuest par rapport à HomeExchange brise un cliché, celui de l'élitisme français et de la capacité des Américains à créer des produits et services mainstream.

Dans le domaine de l'échange de maisons ou de logement, c'est l'inverse qui s'est produit. Premier grand acteur du marché, né aux Etats-Unis, HomeExchange repose sur un modèle d'abonnement. Si vous voulez bénéficier de la mise en relation par la plateforme, il vous en coûtera 130 euros par an. Vous pourrez ensuite choisir avec qui vous échangerez votre maison, le temps de quelques jours de vacances.

Résultat, HomeExchange compte 65 000 inscrits actifs. La moyenne des séjours est de 14 jours, les maisons sont grandes et les abonnés appartiennent aux catégories sociales supérieures.

Au contraire, GuestToGuest, société française fondée en 2011 par Charles-Edouard Girard et Emmanuel Arnaud, repose sur la gratuité de l'inscription. Résultat, 330 000 inscrits actifs, des séjours d'une durée moyenne de 8 jours et des personnes disposant généralement de biens et de revenus moyens.

Les deux fondateurs de l'entreprise sont eux-mêmes inscrits et pratiquent l'échange de maisons. L'un a déjà fait plus de 25 échanges et l'autre n'en tient plus le compte. Mais à chaque fois, leurs voyages prennent une autre dimension : ainsi d'un séjour en Espagne où la famille qui prêtait sa maison avait fait des courses puisque Charles-Edouard et sa famille arrivaient un samedi soir et ne pourraient donc pas se ravitailler le lendemain. De quoi valider le modèle et prendre concrètement les réticences des uns, les remarques des autres et les attentes de tous.

Tout n'est pas pour autant complètement fluide dans l'échange de logement. Chacun peut se montrer plus sensible à un sujet particulier. Certains craignent que des enfants ne brisent des objets. Charles-Edouard lui n'accepte pas les personnes qui fument dans sa maison. Consciente des attentes et des freins, l'équipe de GuestToGuest recommande de bien échanger avec les personnes, de poser les questions nécessaires sur les sujets sensibles, avant de prêter sa maison.

Deux habitués de l'échange de domicile

Avant de devenir le leader de l'échange de maisons, GuestToGuest est d'abord la rencontre de deux entrepreneurs.

L'aîné, Charles-Edouard est un ingénieur, qui a été salarié pendant une dizaine d'années, avant de créer une première entreprise en 1999 et une seconde en 2003. Ces deux start-up lui ont notamment apporté l'expérience de la levée de fonds, mais aussi de ses de ses conséquences en termes de valorisation à court terme.

En 2013, il rencontre Emmanuel. Ils se voient plusieurs fois, chacun présentant son projet à l'autre, à l'écoute de suggestions. Finalement, ils arrivent à deux certitudes. La première est qu'ils veulent devenir associés ; la seconde, que le projet GuestToGuest est celui qui les motive le plus. Leur complémentarité est telle qu'ils échangent dans leur projet les rôles auxquels leurs formations respectives les destinaient. Charles-Edouard, l'ingénieur, s'occupe du marketing ; le diplômé en business, Emmanuel prend en charge les produits. Côté équipe, d'un côté des communicantes, de l'autre des programmeurs, deux univers assez différents.

Des Guestpoints pour fluidifier l'échange

En quelques années, l'entreprise décolle, fidèle à son principe d'inscription gratuite et de services payants optionnels. Et surtout, avec une différence notoire envers ses concurrents : la plateforme offre la possibilité d'organiser des échanges non réciproques, c'est-à-dire que vous pouvez aller chez une personne qui ne viendra pas chez vous en retour mais chez un autre membre du réseau. De quoi fluidifier le marché en élargissant aussi bien le choix des destinations que celui des dates. Quatre ans après le lancement, 80% des échanges se font grâce à ce système et 20% dans le cadre d'un échange direct entre propriétaires.

Pour mettre place ces échanges avec tiers, Guest-ToGuest a créé un système de points : chaque inscrit se voit attribuer un nombre de points. Démarrée avec un algorithme dans lequel le nombre de chambres tenait une place prépondérante, l'attribution de points vient d'être modifiée pour mieux tenir compte de l'emplacement : sur le marché du tourisme, un petit appartement bien situé à Paris dispose d'une cote plus élevée qu'une maison de taille équivalente en Creuse. De même maintenant chez GuestToGuest pour le nombre de points. A chaque fois que vous prêtez votre maison, vous êtes crédités des points afférents.

Comme les deux associés ont une bonne culture économique, ils savent que pour amorcer un marché, il faut qu'il y ait d'abord création monétaire, c'est-à-dire que les acteurs économiques se voient crédités d'une quantité de monnaie d'échange pour entrer sur le marché. Au lieu de créer une monnaie virtuelle, GuestToGuest offre des points à toute personne qui inscrit son bien pour la première fois sur la plateforme. Ainsi, avant même d'avoir concrètement prêté son domicile, une personne peut passer ses vacances dans un autre lieu, sans bourse délier.

L'effet levier de l'investissement

En 2014, L'entreprise est passée de 3 000 à 45 000 inscrits, affirmant le succès de sa stratégie. La croissance a continué chaque année pour arriver à 330 000 inscrits en 2017. En revanche, l'entreprise générait peu de revenus, ce qui était prévu. Le modèle financier reposait donc sur des levées de fonds successives pour atteindre la masse critique, bénéficier de la notoriété et être leader sur le marché. La première levée de 250 000 euros a notamment permis de développer la publicité sur Facebook et avec Adwords. La curiosité du public a fait baisser les coûts d'acquisition et l'entreprise est passée de 3 000 à 20 000 inscrits en six mois.

Une deuxième levée de fonds, accompagnée par un familly office, a permis d'injecter 750 000 euros dans le projet et d'arriver au 45 000 inscrits. C'est la MAIF qui s'est ensuite investie dans l'aventure, avec un ticket de quatre millions d'euros. Pour la mutuelle, c'est seulement alors sa seconde expérience dans les start-up, après Koolicar, qui œuvre dans l'autopartage. Elle se voit comme un investisseur de long terme, mais aussi comme une entreprise qui va apprendre de la dynamique d'innovation des start-up dans lesquelles elle investit, pour innover à son tour dans ses produits assurantiels. C'est d'ailleurs elle qui fournit l'un des services optionnels payants de GuestToGuest, l'assurance.

Grâce à cet investisseur, GuestToGuest a pu se lancer dans la croissance externe, avec le rachat en 2016 du français Trampolinn et de l'espagnol Home for Home. En contrepartie, Charles-Edouard et Emmanuel doivent apprendre à gérer les horizons d'attente différents de leurs investisseurs : les uns souhaitant une sortie rapide, alors que la MAIF se voit présente sur le long terme. Une vision qui correspond bien à celle des deux fondateurs, fondée sur le développement d'une communauté, sans chercher à être côté en Bourse.

La confiance, clé du dispositif

Chemin faisant, l'entreprise est passée de douze salariés en 2013 à plus de cent en 2017, dont quarante au siège parisien et dix-sept représentants dans différents pays. Ces derniers sont tous inscrits sur la plateforme et prêtent donc aussi leurs maisons. Ils permettent à GuestToGuest d'être efficace dans différentes langues plus ou moins rares, comme le hollandais ou le grec. L'Europe est le cœur de l'activité. Car bien que présents dans cent quarante pays, les membres de GuestToGuest sont surtout européens et voyagent principalement sur de courtes distances, très souvent dans leurs pays respectifs.

Un constat qui révèle une fonction psychologique fondamentale : l'effet miroir de la confiance. En général, chacun
de nous fait plus facilement confiance à quelqu'un qui lui ressemble. Chaque facteur compte : nationalité, langue, profession, mais aussi habitudes, loisirs, mode de vie. C'est pourquoi
les discussions avant de valider le prêt du logement sont si importantes. Chacun reste libre de dire *oui* ou *non* aux personnes
qui souhaitent venir quelques jours dans son logement en son
absence.

C'est justement sur des outils permettant de développer
la confiance que GuesttoGuest propose ses services payants
et réalise donc son chiffre d'affaires. Premier service : une caution. Celle-ci rassure ceux qui prêtent le logement et responsa-
bilise leur occupant provisoire. Le modèle a évolué, du verse-
ment avant séjour, suivi d'un remboursement, au blocage de la
somme sur un compte jusqu'à la fin du séjour. GuestToGuest
conserve 3,5% de la caution.

Deuxième service optionnel générant la confiance, la
preuve de l'adresse de l'adhérent qui souhaite donner des gages
de sérieux aux autres adhérents et la vérification de son identité. Elle est facturée 25 euros, une seule fois. Troisième service,
l'assurance du bien, mise en place avec la MAIF. Au total, le coût
moyen des options est de quarante-cinq euros par adhérent,
dont trente vont à GuestToGuest. Pour le reste, tout est gratuit.
Ainsi de la notation, créée avant même celle de Airbnb, pour les
logements comme pour les personnes. Un outil apprécié, mais
qui peut créer des tensions, quand une personne considère une
note injuste.

Qui se ressemble...

GuestToGuest met aussi en place des groupes, qui
ont leur propre forums et pages sur les réseaux sociaux : l'un

concerne les propriétaires de chats, l'autre regroupe les enseignants, un troisième les personnes handicapées. Ce dernier permet notamment de s'assurer que le logement est équipé de façon adéquate pour l'accueil.

Un temps, GuestToGuest a pensé pouvoir utiliser le levier communautaire pour croître encore plus vite. L'idée a été testée auprès d'entreprises : les inscrits d'une même entreprise pouvaient découvrir qui faisait partie de l'entreprise, sans que cela soit visible pour les personnes extérieures. L'idée a séduit Air France. De nombreux salariés se sont inscrits, mais le nombre de prêts de maison n'a pas décollé. Il a fallu se rendre à l'évidence : dans une même entreprise, avec différents métiers, nombreux sont ceux qui ne souhaitent pas voir leur patrimoine immobilier révélé à leurs collègues.

La formule a donc été abandonnée et GuestToGuest se concentre sur sa croissance directe, interne et externe. HomeExchange a été racheté, il faut établir une stratégie de croissance pertinente pour ce nouveau périmètre.

A la conquête de l'Amérique

Pour cette étape de son développement international, un choix important s'est imposé : lequel des deux associés allait partir Outre-Atlantique animer cette entreprise ? Si le choix avait été dicté uniquement par les rôles joués par le binôme, Charles-Edouard était tout désigné. La mission est avant tout une question de marketing et de communication.

Mais pour les deux associés, avec trois enfants chacun, la famille passe avant tout. L'épouse de Charles-Edouard n'était pas très décidée pour ce changement et l'un de leurs fils est en première, pas le meilleur moment pour partir. A contrario, l'épouse d'Emmanuel était motivée pour l'accompagner et leurs enfants, plus jeunes vont pouvoir découvrir un autre pays et un autre univers scolaire. Accessoirement, Emmanuel va retrouver avec plaisir la Côte Est, où il a étudié.

C'est armé de sa culture de diplômé de Harvard qu'il va devoir convaincre ses nouvelles équipes du bien-fondé du modèle d'échange avec un tiers. Car il y a trois ans encore, Ed, le fondateur d'HomeExchange déclarait à la presse que ce modèle ne pouvait pas fonctionner. Si les Américains ont un peu évolué depuis, créant un système de *ballons*, équivalent aux points de GuestToGuest, la conversion n'est pas encore complète.

Libérer l'entreprise

Pour ajouter au challenge, les associés ne veulent pas imposer cette solution à leurs équipes américaines, mais les y amener en utilisant la méthode de l'entreprise libérée. Ils ont déjà transformé GuestToGuest selon ce principe à partir de 2016. L'évolution a été préparée en amont par six mois de lectures, puis autant de mise par écrit de la vision, de la définition des valeurs.

Néanmoins, les débuts se sont révélés difficiles. L'entreprise est d'abord devenue un bazar où chacun parlait de tout et votait sur tout. Puis les choses se sont calées et les équipes ont créé leur propre processus : pour chaque mission, interne ou externe, chacun décide de participer dès le début de la mission ou d'accepter les décisions qui en seront issues. GuestToGuest a ainsi gagné en agilité et en transparence. Fidèle à la culture française, elle conserve le principe de discrétion au sujet des salaires.

Au cours de cette transformation, les équipes de Guest-ToGuest ont réalisé que personne n'aime décider seul et qu'une équipe a parfois du mal à trancher, reportant des décisions nécessaires. D'où le recrutement de quelques spécialistes de l'analyse des données, pour permettre aux équipes de développer une démarche analytique. Celle-ci permet de fonder les décisions sur des faits et des raisonnements. C'est ainsi que GuestToGuest trace sa route vers la libération de l'entreprise, gage d'efficacité et d'engagement des salariés.

Elle brise au passage un autre cliché : c'est l'entreprise américaine, HomeExchange, qui fonctionne pour l'instant de façon plus hiérarchique et qu'il va falloir convertir au souffle de la modernité. A croire que le Nouveau monde est décidément de ce côté de l'Atlantique.

Jusque dans son ultime dimension : celle de l'ambition. Avec plus de deux cent mille inscrits cumulés sur les deux entreprises, Charles-Edouard et Emmanuel n'ont pas vraiment envie de viser les six cent milles qui en feraient une belle histoire. Non, ils visent un, puis trois millions d'inscrits, pour créer une énorme communauté, sur un autre marché que celui d'Airbnb, plus proche encore du véritable esprit de l'économie de partage. C'est leur façon de contribuer directement à la liberté du voyage. Pour une somme dérisoire, chacun peut maintenant résider en vacances dans le lieu de son choix, à condition d'offrir la même possibilité à une autre personne, en mettant son logement à disposition.

Des compétences pour voyager

Pack your Skills

Découvrir Paris, être utile, se confronter à une autre culture, travailler dans une autre langue... Distante de quelques heures de bus seulement, la ville lumière est un rêve inaccessible pour de nombreux jeunes européens, faute de moyens. Et un jour, *Pack Your Skills* leur en ouvre les portes, en mettant en place une nouvelle version du WWOOFing, cet échange de travail bénévole contre le gîte et le couvert. Avec une particularité : ce sont les compétences des jeunes voyageurs qui déterminent l'entité, entreprise ou association qu'ils iront aider.

Echange vie parisienne contre coup de pouce

Milica, jeune Serbe, ne voulait pas juste faire du tourisme mais habiter véritablement Paris pendant quelques semaines. C'est un message dans un groupe Facebook qui a tout déclenché. Pack Your Skills proposait de la mettre en relation avec des équipes qui offrent le gîte et le couvert en échange de ses compétences de graphiste pour une durée de deux semaines, dans la ville de ses rêves. Pack Your Skills s'est donné pour mission de mettre en relation des voyageurs et des équipes. Voyageurs qui veulent découvrir une ville étrangère et y travailler, équipes qui ont besoin de compétences et ne peuvent pas les financer. Le tout sur de courtes périodes, deux semaines en général.

Cela peut sembler court pour ajouter une ligne à un C.V. Pourtant cette brève expérience professionnelle donne à Milica la preuve qu'elle est capable de s'intégrer dans une équipe issue d'une autre culture, de travailler dans une autre langue et d'apporter sa contribution à la réalisation d'un projet. Les équipes que sélectionne Pack Your Skills pour accueillir ses voyageurs sont dédiées à résoudre un problème social. Ainsi, *Les Amis d'Hubert* est un projet de réseau social de soutien aux aidants : l'objectif est de trouver des personnes qui viendront passer un moment de détente avec les personnes aidées, pour que les aidants, dont les problèmes de surmenage et d'épuisement sont maintenant bien connus, puissent se reposer.

Surtout, Milica a réalisé son rêve. Elle a vécu à Paris, entourée de Parisiens qui lui ont fait découvrir leur ville et l'ont invitée à des soirées. Voyageuse et non pas touriste. Pack Your Skills a organisé une rencontre avec l'ensemble des voyageurs et les membres des équipes accueillantes et le témoignage de personnes qui se sont mises en mouvement.

Est ainsi intervenu Capitaine Rémi, blogueur de voyage qui a décidé de devenir *Capitaine de sa vie* : il se lance régulièrement des défis comme de traverser l'Atlantique en bateau-stop ou d'aller trois mois en Amérique du Sud pour apprendre l'Espagnol, le tango et participer à un concours de danse. Le but de la soirée est de montrer qu'il existe toujours une façon de repousser les limites, de se mettre en mouvement et de réaliser ses rêves. Chacun en ressort avec des idées plein la tête, de nouveaux contacts aussi, établis avec les autres voyageurs et les membres des équipes accueillantes. Devenir une communauté est l'objectif de Pack Your Skills, pour que l'expérience de chacun se poursuive au-delà des deux semaines de la mission.

Un développement par vagues

Anna, une autre voyageuse qui a utilisé ses vacances pour faire l'expérience, est convaincue de l'utilité de la démarche. A tel point qu'elle l'a largement partagée sur les réseaux sociaux et dans son entourage. Son enthousiasme a convaincu trois personnes de tenter l'aventure à leur tour lors de la « deuxième vague » en juin.

Car pour l'instant, Pack Your Skills fonctionne par « vagues ». La plateforme internet fonctionne, mais n'a pas encore la notoriété suffisante pour attirer spontanément projets et voyageurs. Aussi, Maxime et Isis, les deux fondateurs, s'appuient-ils sur leurs réseaux et les réseaux sociaux pour créer des « vagues » de voyages : des associations ou entreprises de moins de trois ans qui visent à résoudre un problème social et garantissant hébergement, nourriture et déplacements travail-domicile d'un côté ; voyageurs disposant d'une compétence précise, prêts à accomplir une véritable mission professionnelle de l'autre.

Il faut trois mois à l'équipe pour créer une vague. Chacune est plus grande que la précédente et en tire les enseignements. La première vague a failli tourner court. Trois projets seulement. Un voyageur qui signe un CDI et ne peut plus venir. Un projet qui ne peut plus accueillir de voyageur. Finalement, un voyageur a basculé d'un projet à l'autre pour remplacer le voyageur qui a fait faux bond.

Lors de la seconde vague, c'est le lieu d'hébergement offert par l'une des équipes accueillantes qui a posé problème. L'équipe n'avait pas précisé qu'il est situé en grande couronne et le voyageur n'avait pas dit qu'il tenait à résider au centre de Paris. D'où des tensions pendant le séjour. Pack Your Skills est ainsi amené à compléter ses critères. L'association pousse les équipes et les voyageurs à échanger plus d'informations avant de valider les missions.

Un premier bilan encourageant

Pensée en 2016, Pack Your Skills vit sa première année opérationnelle en 2017, au fil des vagues qui se succèdent. La modestie des cohortes permet de corriger rapidement les points de friction qui se font jour. Isis et Maxime, les deux fondateurs, sont persuadés que le plus important au démarrage est de remplir réellement la mission que l'on a donné au projet. Le développement, le quantitatif sont des conséquences.

Les témoignages sont éloquents. Comme dans le cas de Milica, voyageurs et équipes accueillantes deviennent même des relais de notoriété. Pas de quoi pour autant crier victoire : avec les dons versés par les projets à Pack Your Skills, il faudrait mille voyageurs par an pour que l'association puisse rémunérer ne serait-ce que ses deux fondateurs. Soit près de 80 fois plus que lors de cette année de lancement. Rien d'insurmontable néanmoins. Bien rivés à leurs idéaux, nos deux compères ne sont pas pour autant de doux rêveurs. Simplement de jeunes entrepreneurs nourris d'une première expérience profession-nelle et bien déterminés à mettre en accord leur travail avec leur être individuel.

Maxime : de l'action sociale à la création d'entreprise

Issu d'un milieu cultivé, avec des parents travaillant dans le secteur social, Maxime est conduit depuis son adolescence vers le milieu associatif à visée sociale. Il enchaîne donc très tôt les projets et jusque dans sa prépa intégrée d'école d'ingénieur. Premier signe annonciateur : son action sociale au Mali déteint sur ses résultats scolaires et son école lui refuse la possibilité de redoubler. Il trouve une autre école, plus compréhensive, puis finit ses études aux Philippines.

Il travaille ensuite chez Alstom avant de rejoindre le ca-binet Nicomak. L'entreprise conseille des entreprises et des ins-titutions pour résoudre des problématiques sociales, d'égalité homme-femme ou d'accueil de la diversité, avec un engage-ment éthique fort. En deux ans, Maxime se forge une expérience variée, donnant des cours, animant des focus group. Il crée aussi un baromètre social pour un grand musée parisien. Pas-sionné par ses missions, Maxime n'en désire pas moins créer sa propre entreprise, pour agir librement et conformément à son éthique personnelle.

Il sait que contrairement aux projets associatifs qu'il a créés pendant sa scolarité, il n'aura pas le public sous la main et que l'enjeu principal sera d'inscrire son action dans la longue

durée et non pas le temps d'une année scolaire. Une façon sans doute de devenir véritablement adulte. C'est justement cette qualité d'endurance qu'il souhaite alors acquérir : celle de l'engagement long et continu dans une mission. Maxime se souvient de sa lecture du livre *80 hommes pour changer le monde* et de ce qu'il en a retenu : ce qui compte, c'est la manière dont on entreprend.

Son idée prend forme à la fin de l'année 2015. Il la teste auprès de son entourage, en parle à la moindre occasion. Les réactions sont positives. Ses plus proches amis lui disent que le projet est cette fois vraiment en adéquation avec sa personnalité. Maxime formalise un peu plus son idée avant de s'inscrire à un Startup Weekend.

Le principe est simple : une centaine de personnes se réunissent et présentent leurs projets, puis votent. Les dix ou douze projets qui recueillent le plus de voix sont retenus. Les équipes se forment pour travailler sur le projet pendant tout le weekend. Premier succès, le projet de Maxime est retenu. Le week-end est bénéfique : beaucoup d'idées, peu de sommeil, dans un contexte où la vivacité des interactions et la fatigue en révèlent beaucoup sur les êtres.

C'est ainsi que Maxime est amené à apprécier les qualités d'Isis, qui fait partie de son équipe. Quand certains proposent deux idées à la minute, sans ordre ni mise en perspective, Isis sait séparer le bon grain de l'ivraie, canaliser les énergies, tout en en restant très inclusive. A l'issue du weekend, Maxime retourne à son travail, riche de deux certitudes : il veut mener à bien son projet et Isis est le bon partenaire pour cela.

Former le bon duo

De son côté, Isis est séduite par le projet de Maxime. Elle a pratiqué le WWOOFing au Costa Rica. Cette façon de voyager en échangeant travail non rémunéré contre nourriture et hébergement lui plaît bien. Néanmoins, de son expérience est née une frustration. Pendant tout le séjour, on lui demandait de façon récurrente de faire des choses qu'elle ne savait pas faire et était obligée de dire « non ». Ce n'est que les derniers jours avant son départ qu'on lui demande de faire du développement en web marketing pour rendre la page Facebook plus visible. Malheureusement, le temps est compté et elle n'a pas le temps de réussir la mission dont elle maîtrise les compétences. Or, l'idée de base du projet de Maxime, c'est de partir des compétences des voyageurs pour sélectionner les endroits où ils iront les mettre à disposition.

Isis est diplômée de l'Ecole de Management de Grenoble, titulaire du Mastère Spécialisé Entrepreneur, l'un des meilleurs, sinon le meilleur de France. Pendant le master, elle a participé à un projet de création d'entreprise, dans un groupe d'étudiants. Mais le porteur de projet a pris des décisions unilatérales, jusqu'à décider de le terminer seul. Isis a senti que Maxime n'avait pas ce genre de personnalité. Elle est persuadée dès ce weekend qu'ils ont tous les deux le même comportement, la même vision.

C'est elle qui le rappelle quelques jours plus tard. Etre d'accord sur l'objectif est une chose, trouver la façon de s'y consacrer en est une autre. Isis vient juste de commencer son travail salarié. Elle est alors en poste chez NouMa, au sein d'une équipe d'une dizaine de personnes. Cette start-up parisienne développe un moteur de recherche qui recense les appels d'offres publics en France. Isis s'occupe du web marketing, puis assume un rôle de Product Manager du site.

Isis veut d'abord construire la stratégie avant de se lancer dans l'aventure : il faut écrire le business plan, savoir comment le projet pourra générer de l'argent. C'est Maxime qui quittera son travail le premier, Isis s'engage à le rejoindre quelques mois plus tard. Après un an en poste, elle aura cumulé des droits au chômage qui lui permettront de vivre pendant un an, le temps que leur activité puisse les rémunérer.

Définir des valeurs communes

En attendant, ils se réunissent régulièrement pour définir ensemble le socle du projet : mission, vision, valeurs. Pack Your Skills dispose ainsi de sa doctrine qui en assurera la force, aussi bien pour l'équipe qu'envers l'extérieur. De son expérience professionnelle, Maxime a déduit une méthode pour conscientiser les valeurs d'une équipe : chacun explique comment il réagit dans une situation de stress ou de surcharge de travail. De l'action, on remonte à la prise de décision, de la décision au fondement de celle-ci. Quand on explique le fondement d'une décision, on arrive à formuler la valeur sous-jacente. En définissant individuellement cette valeur, non pas grâce au dictionnaire, mais avec leurs propres mots, Maxime et Isis tombent d'accord sur les valeurs de bienveillance, de confiance et de partage et s'engagent à utiliser ces valeurs pour piloter Pack Your Skills quand se lèveront des tempêtes. De même, ils tombent d'accord sur le fait que Pack Your Skills sera particulièrement attentif à la satisfaction des voyageurs, pour que ceux-ci se sentent utiles et valorisés dans leurs compétences. Isis y voit leur contribution à lutter contre le mal-être au travail. Elle veut que les voyageurs se sentent bien et participent à des projets qui ont du sens, tout en sachant ce qu'ils apportent.

Le vrai départ : apprendre en marchant

Maxime quitte donc Nicomak en juillet 2016. Il se forme d'abord au développement web jusqu'en décembre, puis prépare la première vague de voyageurs, celle de Milica, pour mars 2017. Isis le rejoint à temps plein en avril. Pack Your Skills se concentre d'abord sur quelques métiers pour que sa communication porte ses fruits : vidéaste, graphiste, webmarketeur. En passant par les pages des groupes Facebook, ils ont pu contacter des professionnels. Avec d'abord une déception : bien peu se montrent motivés à l'idée de venir poser leurs valises à Paris pour participer à la première vague de Pack Your Skills. En revanche, quand Maxime leur demande comment entrer en contact avec d'autres membres de leur profession, les internautes le guident et lui permettent d'atteindre ses véritables cibles : les futurs voyageurs.

Tout ne réussit pas pour autant. Ainsi, la profession de webmarketer est trop largement définie pour cibler des personnes et des équipes accueillantes à Paris. Pack Your Skills a donc redéfini cette offre, avant de la relancer fin 2017.

Un système d'ambassadeurs

Au fil des vagues, le modèle se précise. Une fois le système bien rodé à Paris, l'enjeu de Pack Your Skills est d'ouvrir d'autres destinations, en Europe d'abord. Pour cela, l'idée est de s'appuyer sur des ambassadeurs, bénévoles d'abord, qui, comme Anna, feront connaître Pack Your Skills dans leur ville. C'est la meilleure façon de repérer des équipes accueillantes, puis d'organiser des vagues de voyage. De jeunes Français pourront ainsi bientôt découvrir Belgrade, Athènes, et d'autres villes européennes.

Quelques-uns des premiers voyageurs sont motivés pour devenir ambassadeurs de Pack Your Skills dans leur ville. Je comprends mieux le sens du sourire de Maxime quand il me dit que parmi les huit premiers voyageurs, on compte sept nationalités : ce sont autant de destinations potentielles pour les prochaines ouvertures de Pack Your Skills. La bienveillance n'interdit pas l'intelligence.

Les valeurs dans l'entreprise : contre vents et marées

En attendant la montée en puissance de Pack Your Skills, il faut vivre. Les deux associés développent une activité de conseil et s'appuie sur la double expérience de Maxime, celle de Nicomak et celle de Pack Your Skills. Ils accompagnent des entreprises sur la conscientisation des valeurs. Plus qu'un discours commercial, il s'agit de donner aux équipes des boussoles leur permettant de conserver le cap lors des tempêtes.

Maxime est ainsi intervenu chez Nova et chez Coding Days. Il remarque que dans les équipes récentes, avec de petits effectifs, les valeurs des différentes personnes sont souvent les mêmes, il n'y a pas de hasard. Cela signifie que les porteurs de projet ont recruté et conservé dans leurs équipes, des personnes qui partagent les mêmes valeurs. En renversant la proposition, le travail sur les valeurs peut devenir un outil de recrutement : puisque les valeurs servent pour affronter les tempêtes et faciliter le travail en équipe, alors autant en être conscient et recruter des personnes qui partagent véritablement les valeurs de l'entreprise. L'intégration et la complémentarité de long terme sont ainsi plus certaines.

Pack Your Skills y trouve matière à réflexion : après un an de travail en commun, les deux fondateurs font le point sur leur projet pendant l'été 2017. C'est l'occasion de confirmer ou d'infirmer les hypothèses de départ, y compris justement les valeurs. En regardant comment ils ont surmonté les difficultés au cours de cette première année, Maxime et Isis confirment leur attachement à la bienveillance et à la confiance. En revanche, le partage cède la place à l'honnêteté intellectuelle. Car plus que le partage, c'est elle qu'ils ont mobilisée pendant l'année pour surmonter les difficultés et résoudre les problèmes. C'est en acceptant le doute et en remettant en cause leurs certitudes qu'ils ont avancé. C'est donc cette autre valeur qu'ils veulent garder en tête pour affronter les prochains écueils.

Pack Your Skills est donc au début de son voyage. Maxime et Isis réussiront-ils à placer jusqu'à 1 000 voyageurs par an dans des équipes accueillantes ? Seule la puissance des réseaux sociaux et d'internet leur permettra de passer un jour de leur méthode de « vagues » successives à un process qui permet de créer des voyages en continu dans une ville, puis dans plusieurs. En attendant, les voilà bien partis pour rencontrer et échanger avec un nombre toujours croissant de projets sociaux et de voyageurs, de quoi les remplir et nourrir leurs esprits, un enjeu plus essentiel pour eux que tout autre.

207

Rencontrez qui voulez !

Swapcard

Organiser un événement, c'est bien. Permettre aux participants d'identifier puis de sélectionner à l'avance les personnes qu'ils vont rencontrer su place, c'est mieux. Surtout quand les exposants peuvent se servir du même outil pour déterminer le retour sur investissement de leur présence à l'événement. Ce sésame est développé par une start-up française, sous forme d'application, Swapcard.

Ici, les trois associés fondateurs sont d'abord des amis, un peu comme les Trois Mousquetaires. Leur point commun avec les personnages de Dumas, c'est de se connaître depuis longtemps et d'être devenus inséparables. Damien et Godefroy se sont connus au lycée et Baptiste est un ami de vacances de Godefroy, leur rencontre remontant aussi à l'adolescence.

Godefroy a commencé ses études dans une école d'ingénieur avant d'opter pour une école de commerce. Comme il a plutôt un caractère à apprendre les choses au moment où elles le passionnent et comme il lui plaît, il a finalement choisi de se former en autodidacte, avec un passage par l'Ecole 42 de Xavier Niel. Puis il a travaillé deux ans dans la finance, mais l'environnement ne lui convenait pas. Baptiste a fait des études de droit, il est devenu avocat, puis a travaillé dans de grands cabinets, d'abord comme juriste, puis comme avocat, avec des dossiers à gros enjeux financiers.

Damien, reconnaît avoir fait au départ des choix par défaut : bon élève, il est orienté vers une terminale S, puis une grande école de commerce, pour être sûr de bien gagner sa vie. Suite logique, il commence à travailler dans l'audit financier. En fait, il n'a pas une idée précise de ce qu'il veut faire, ni du secteur dans lequel il veut travailler. En revanche, il aime réfléchir, analyser le contexte économique, formuler des business plans à partir d'une évolution d'un marché ou de la législation. De là à franchir le pas de créer une entreprise, c'est une autre histoire.

Des jobs alimentaires en parallèle pour démarrer le projet

Ce sont les discussions entre Baptiste et Damien qui font naitre le projet. Ils ont alors chacun un travail. Godefroy est le premier à se lancer à plein temps dans le projet. Mais il lui faut aussi faire rentrer de l'argent et il effectue des jobs alimentaires. Il tient ainsi une première année, avant d'être rejoint par Damien qui cumule lui aussi poste rémunéré et plein temps dans le projet. Leur jeunesse permet de tenir le coup, même s'ils sont très fatigués. Baptiste a accumulé un peu d'épargne qui lui permet d'éviter cette situation.

Les trois associés fondateurs lancent donc Swapcard en 2014. Ils ont la chance de bénéficier de l'accompagnement d'un incubateur situé à Paris. La première année fonctionne vraiment comme une couveuse et leur permet de se poser les bonnes questions. Dans cet écosystème rempli de personnes qui ont les mêmes problématiques, ils trouvent toujours quelqu'un qui vient de résoudre un problème similaire pour son propre projet peu de temps auparavant. De quoi découvrir des solutions pragmatiques et qui viennent de faire leurs preuves. C'est aussi le lieu idéal pour se former et utiliser de nouveaux outils. En se développant, Swapcard finit par avoir des solutions en internes. Demeure le cadre de l'incubateur, la possibilité de croiser chaque jour des personnes d'autres start-up, dans des domaines variés, qui échangent sur leurs bonnes pratiques.

La promesse initiale de Swapcard, c'est de gagner du temps dans la gestion des contacts professionnels et de limiter le temps perdu dans les grandes organisations à rechercher les coordonnées du bon contact au bon poste. Ce sont des problématiques que les trois associés ont rencontré dans leurs premières expériences professionnelles, le besoin est avéré. Reste à faire connaître l'application. Comme il s'agit d'un pro-

duit de grande consommation, potentiellement destiné à chacun, l'idéal serait d'atteindre rapidement la masse critique pour devenir un acteur incontournable du marché, voir le leader. En général, le modèle est simple : acheter de la publicité, puis obtenir des échos dans la presse, acheter à nouveau de la publicité et faire à chaque étape de croissance des levées de fonds pour alterner croissance interne et croissance externe. Mais les trois fondateurs de Swapcard n'ont pas les moyens de cette stratégie.

La révélation de l'événementiel

Ils cherchent donc une autre façon de faire connaître leur application. L'idée leur vient alors de la proposer à des organisateurs d'événements, pour que les personnes qui se rencontrent lors des événements puissent rapidement tisser des liens professionnels. Swapcard conquiert ainsi rapidement des utilisateurs et le coût d'acquisition est faible, puisqu'il suffit de communiquer lors de chaque événement. Dès la fin 2014, Swapcard est présent à un événement par mois. Au bout d'un an, le rythme passe à dix événements par mois. Au bout de trois ans, à trente événements par mois.

Cette montée en volume des événements ne permet pas seulement à Swapcard de faire grossir son nombre d'utilisateurs, elle conduit la start-up à valoriser son service auprès des organisateurs d'événement. Depuis quelques années, ceux-ci créent leurs propres applications, comprenant l'inscription, la mise en contact des participants et le programme de l'événement. Mais le coût est élevé pour un événement de taille moyenne, de 700 à 3 000 participants et il faut tenir compte du temps de développement. A la place, Swapcard propose une solution clé en main : chaque organisateur d'événement remplit les données de son interface et dispose de son application en moins d'une heure. Il lui suffit ensuite d'envoyer le lien dans son invitation aux participants, et chacun peut créer son profil sur Swapcard.

C'est à l'occasion du premier salon Vivatechnologie de 2016 que Swapcard réussit pour la première fois à monétiser

211

son offre auprès de l'organisateur d'un événement. Est celui-ci est de taille : 50 000 participants, 5 000 start-up présentes. L'événement se veut la référence en France dans le domaine et ambitionne d'être comparé aux plus grands événements internationaux consacrés aux entreprises technologiques. Swapcard y gagne une forte visibilité, puisque tous les participants sont amenés à utiliser ses services. La start-up conserve une version gratuite de son application pour les événements qui n'ont pas de budget à lui consacrer. Cela permet toujours d'enrichir sa base d'utilisateurs, mais aussi de servir de test : souvent l'organisateur de l'événement se dote d'un budget pour l'événement suivant et prend la version payante de Swapcard pour bénéficier de ses services.

Un matching pro lors des événements

Pour l'utilisateur, tout commence lors de l'inscription en ligne à l'événement. En entrant sa fonction et l'entreprise pour laquelle il travaille, ainsi que le type de personne qu'il souhaite rencontrer, chaque participant se voit proposer une sélection de 20 personnes qui participent à l'événement. Il peut échanger avec ces personnes, avant l'événement pour programmer un rendez-vous lors de celui-ci. Il peut aussi communiquer ses coordonnées à une personne avec laquelle il vient d'échanger, réalisant ce qui fut l'ancien objet de Swapcard : l'échange de cartes de visite. Chacun peut ainsi maximiser l'intérêt de sa venue à un événement en rencontrant réellement les personnes qui sont le plus susceptibles de l'intéresser et de lui permettre de développer ses affaires ou sa connaissance d'un sujet. Chacun peut ainsi éviter de passer son temps uniquement avec les personnes qu'il connait déjà ou de ne parler qu'aux personnes que le hasard a placé à côté de lui au buffet ou dans les amphithéâtres. Enfin, les plus timide évitent de rester seuls dans leur coin.

Pour les exposants, cela permet une mise en valeur de leurs stands et de leur offre avant même le début de l'événement. Les participants peuvent directement prendre rendez-vous via

l'application pour les rencontrer lors de l'événement. La visibilité des stands est accrue ainsi que la qualité du temps passé par les équipes. Autre avantage, ils peuvent faire communiquer leur base de contacts obtenus via l'application avec leur CRM et ainsi tirer un meilleur profit de leur participation à l'événement. Les exposants peuvent aussi réaliser un portrait type des personnes qui se sont adressées à leurs différents services représentés sur leur stand et donc affiner ainsi l'analyse de leur action.

La cible induite : les exposants

Swapcard travaille ainsi sur le développement de services qui puissent continuer à augmenter la satisfaction des exposants. Ceux-ci ne peuvent plus se contenter d'attirer les personnes qui passent devant leurs stands, mais savoir y attirer leurs cibles potentielles. Cette dimension devient essentielle pour les organisateurs d'événements. En effet, de plus en plus, les exposants veulent pouvoir quantifier avec précision leur retour sur investissement lors de leur participation à un événement. L'application Swapcard devient ainsi un argument pour les organisateurs envers les exposants.

C'est ainsi que les organisateurs d'événements sont devenus des clients payants de Swapcard. Le coût de l'opération est ensuite reporté par les organisateurs auprès des exposants. Ceux-ci peuvent faire le lien entre l'application et leur système de CRM, nourrissant et analysant ainsi leur retour sur investissement. Pour autant, certains organisateurs d'événement voudraient avoir une application à leur nom. L'équipe de Swapcard est alors obligée de répondre *non* et d'évangéliser. Son équipe rappelle notamment qu'un participant se rend généralement à différents événements au fil de l'année et que personne n'a envie de multiplier les outils et téléchargements. C'est donc un avantage pour un événement de travailler avec Swapcard maintenant que des centaines d'autres l'ont déjà fait : une partie des participants à l'événement en connait déjà le fonctionnement et y voit un gage de bonne organisation de networking. Swapcard refuse ainsi de développer des produits à la demande pour les organisateurs d'événement : il faut aussi parfois savoir se tenir à son produit pour en tirer la valorisation maximale et ne pas perdre de vue des résultats de long terme pour gagner des contrats ponctuels.

Les statistiques de l'application permettent de comprendre que 50% des interactions entre participants ont lieu avant la tenue de l'événement, justifiant pleinement l'utilisation de Swapcard. De plus pour chaque participant, le profil des personnes avec lesquelles il est entré en contact comprend justement le fait qu'il l'ait rencontré lors de tel événement pour la première fois, sans qu'il ait besoin de compléter cette information à la main.

Le rôle des données

Les informations demandées dans le formulaire en ligne lors de l'inscription permettent d'améliorer sensiblement la qualification des vingt personnes que l'application propose à chacun de rencontrer. Surtout quand les personnes font le lien avec leur compte LinkedIn et utilisent l'application pour construire leur programme individuel lors de l'événement : rencontres, venues à des stands, suivi de conférences. L'application analyse notamment quelles personnes ont choisi de rencontrer les personnes qui ont la même profession que vous pour vous proposer sa liste. Le tchat permet ensuite de discuter avant l'événement et un module de prise de rendez-vous permet de faire effectivement une rencontre physique le jour de l'événement. La particularité de Swapcard est donc d'être une application en ligne qui permet de faire du networking professionnel en débouchant sur de véritables rendez-vous. Cette dimension est essentielle, puisque la base de la relation dans les affaires est la confiance née d'une rencontre réelle entre deux personnes.

Les avantages d'avoir les organisateurs des événements comme clients payants par rapport aux destinataires de l'application, c'est-à-dire toute personne qui travaille, sont nombreux. L'application n'a pas eu besoin de lancer des grandes

campagnes de communication pour se faire connaître et dépenser ainsi beaucoup d'argent. Elle apporte une valeur ajoutée traductible en contacts clients pour les exposants et donc en fidélité des exposants pour les organisateurs. Ainsi le coût des services payants de Swapcard se trouve justifié, en devenant un investissement pour organisateurs et exposants. Mais la montée en puissance de son utilisation bénéficie aussi de la fréquentation des événements par des organisateurs d'autres événements qui viennent y puiser des bonnes pratiques. Une bonne façon donc de communiquer par la preuve de sa pertinence et de son utilité.

Clarifier les rôles pour gagner en complémentarité

Cela n'empêche pas les fondateurs de commettre quelques erreurs, de ne pas toujours arriver à hiérarchiser les priorités. Avec des profils proches, ils ont d'abord tendance à s'occuper chacun de tout. Avec le temps, ils finissent par définir des rôles plus précis où chacun assume les responsabilités. Godefroy est ainsi devenu le chef des produits (product manager), assumant le design, le développement et la mise en place des nouvelles fonctionnalités. Baptiste est le Directeur en Chef (C.E.O.), avec un rôle important de représentation auprès des clients et des investisseurs. Il a appris la relation commerciale sur le tas, mais ses résultats parlent pour lui. Enfin, Damien accompagne les clients sur la mise en place de la solution et dirige le marketing, ainsi que les R.H., il fait donc un peu office « couteau suisse » comme il le reconnaît. Les années passant, un salarié a été invité au capital tout en devenant directeur technique. Une évolution conforme à l'état d'esprit des trois associés fondateurs, qui font de l'accès à l'actionnariat une suite logique de l'engagement dans le développement de la société et de l'importance stratégique de tel ou tel poste. Autant dire que le modèle n'est pas figé et que d'autres salariés devraient se voir proposer de devenir actionnaire dans les prochaines années.

En attendant, Damien, Godefroy et Baptiste prennent les décisions stratégiques de façon collégiale. Avec une règle : dès que deux d'entre eux sont d'accord sur une décision, le troisième doit s'y rallier et l'assumer, afin que l'équipe parle d'une même voix et travaille dans le même sens. Leur longue amitié leur permet de tout se dire de façon franche, mais aussi de se faire une confiance absolue dans l'action quotidienne de chacun. Plus encore, elle leur permet de se conforter les uns les autres dans les moments difficiles. Ceux de l'entreprise, mais aussi ceux que chacun peut traverser individuellement. Comme les mousquetaires, les deux autres sont alors présents pour soutenir celui qui est en difficulté et l'aider à surmonter stress au découragement.

Les effectifs de l'entreprise ont évolué : les trois associés ont été rejoints, après six mois par des profils plus techniques. Une levée de fonds en 2015 a permis de passer à une douzaine de salariés et de commencer à rémunérer les fondateurs. Ceux-ci ont accepté des salaires faibles pour affecter le plus de moyens possibles à la croissance de l'entreprise. Quelques erreurs de recrutements ont été commises, les effectifs ont fluctué entre douze et quinze personnes jusqu'en 2017 dont l'été a vu l'équipe passer à 21 éléments. Des jeunes commencent dans l'entreprise comme stagiaires et poursuivent en CDI. La moyenne d'âge est de 25 ans pour l'équipe et les associés ont 29 ans, sans presque aucun turnover.

Internationaliser l'équipe et évoluer en permanence

L'avantage d'une équipe jeune est l'aisance avec le digital qui constitue son environnement générationnel naturel. Swapcard fonctionne beaucoup par expérimentations successives. L'importance des développeurs et de la dimension technique définit aussi la culture de l'entreprise avec une recherche permanente de ce qui est nouveau, de ce qui fonctionne, avec comme seule solution pour savoir si une idée est bonne ou non, de l'essayer. Swapcard recrute donc en s'appuyant plutôt sur la dynamique de la personne que sur son expérience. Cependant, Damien reconnaît que pour améliorer encore le fonctionnement de l'entreprise et son efficacité, il va falloir commencer à y ajouter des personnes d'expérience.

Pour autant, l'équipe de Swapcard est consciente que l'évolution permanente est la clé de la survie. L'application se transforme en permanence. Les clients peuvent l'utiliser sans même contacter Swapcard, en faisant tout en ligne, jusqu'au paiement. Cette facilité de mise en œuvre a permis à l'application d'avoir déjà été utilisée dans au moins un événement dans 45 pays différents. L'entreprise a aussi bénéficié de la quantité d'événements internationaux organisés à Paris. Les visiteurs internationaux ont ensuite choisi d'utiliser l'application lors des événements qu'ils organisent dans leurs propres pays.

Pour l'instant, la start-up arrive à contacter tous les clients pour mieux les connaitre et mesurer leur satisfaction, afin de continuer à améliorer le service. Avec une présence de plus en plus grande sur le marché français, les associés visent désormais un plus fort développement sur le marché international. En partant d'une idée simple : « *puisque nous voulons avoir des clients internationaux et accélérer ce développement, nous devons nous même devenir une entreprise internationale par notre recrutement.* » Les choix stratégiques passent aussi par l'ouverture de bureaux dans différents pays, avec un premier programmé au Canada. C'est donc une nouvelle époque du développement de Swapcard qui s'ouvre à présent, avec la volonté de s'imposer à l'échelle internationale. Le potentiel dans le monde est énorme et l'équipe prévoit aussi de recruter des personnes qui connaissent bien un secteur d'activité comme le médical, pour pénétrer le marché de l'événementiel de ce secteur.

Remerciements

Je tiens à remercier tous ceux qui dans ma famille, parmi mes amis et mes rencontres professionnelles m'ont encouragé à prendre mon destin en main et m'ont soutenu sur le chemin exaltant mais difficile de la liberté.

Pour avoir joué un rôle déterminant dans le démarrage de cette aventure d'auteur et de conseiller éditorial à plein temps, je remercie tout particulièrement Laurent Petitbon, Michel Sebban, Evelyn Platnic-Cohen, Marc-William Attié, Philippe Blin, Jean-Michel Steber et Bruno Alexandre.

Enfin, l'achèvement de ce livre a été rendu possible grâce à l'aide précieuse de Marie Ambroggiani et de Gaëlle Covo.

2017 Editions Aglaos

4, rue Théophraste Renaudot 75015 Paris.

aglaosnous.fr

ISBN : 978-2-490188-00-0

EAN : 9782490188000

Création de couverture & maquette : Marie AMBROGGIANI

Mise en page : Jean-François BEAU

Imprimé en France par : Printvallée

N° d'éditeur : 4901

Dépôt légal : Décembre 2017

www.ingramcontent.com/pod-product-compliance
Lightning Source LLC
Chambersburg PA
CBHW070357200326
41518CB00011B/1964